T0334873

**Nach der Kernkraft –
Konversionen des Atomzeitalters**

jovis

**Für Peter**

# Nach der Kernkraft –
# Konversionen des Atomzeitalters

**Stefan Rettich,**
**Janke Rentrop (Hg.)**

jovis

# Einleitung

# Kernkraft – Gestern Heute Morgen

# Protest und Exekutive – Fotoessay

# Technologien – Stilllegung – Rückbau

# Einleitung

# Stefan Rettich:
# Die Verführung durch das Atom

„Atoms for Peace", so lautete die Strategie des amerikanischen Präsidenten Dwight D. Eisenhower, um mit den schrecklichen Ereignissen von Hiroshima und Nagasaki abzuschließen und dennoch das enorme Potenzial der Kernspaltung für friedliche Zwecke weiter nutzen zu können. Aus seiner gleichnamigen Rede von 1953 vor der UN-Vollversammlung ging die Gründung der International Atomic Energy Agency (IAEA) mit Sitz in Wien hervor, die sich seither weltweit mit der Kontrolle sowohl der militärischen wie auch der friedlichen Nutzung von Nukleartechnologien befasst.[1] Seit September 2022 befinden sich beispielsweise Kontrolleure der IAEA im südukrainischen Kernkraftwerk Saporischschja, das im März 2022 von russischen Truppen eingenommen wurde und in den kriegerischen Auseinandersetzungen bereits mehrfach unter Beschuss war.

Auch die deutsche Politik sprang auf den Zug auf, gründete 1955 das Bundesministerium für Atomfragen, das, wenn auch nur kurz, von Franz-Josef Strauß geleitet wurde. Vier sogenannte Atomprogramme wurden in der Zeit von 1957 bis 1976 aufgelegt, mit einem Volumen von etwa 4,4 Milliarden Euro.[2] Eine beachtliche Summe für ein Land, das mitten im Wiederaufbau steckte. Kernforschungszentren in Jülich, München, Berlin, Geesthacht (Krümmel) und in Leopoldshafen bei Karlsruhe wurden gegründet. Die ersten Versuchsreaktoren gingen bereits zwischen 1957 und 1962 in Betrieb. Dem Bundesministerium für Atomfragen kommt zudem eine zentrale Rolle im Auf- und Ausbau von Bildung und Forschung in Deutschland zu, denn aus ihm ging das heutige Bundesministerium für Bildung und Forschung (BMBF) hervor.[3]

War es die Angst, eine Schlüsseltechnologie zu verpassen, oder eher die Verführung durch das Atom (U 235), das durch Kernspaltung im Verhältnis zur Steinkohle etwa das Dreimillionenfache an Energie liefert?[4] Die Euphorie darüber, die wachsende Energiefrage auf diese scheinbar einfache Art lösen zu können, muss jedenfalls derart groß gewesen sein, dass man sich auf eine Hochrisikotechnologie einließ – ohne Exitstrategie und ohne die Kosten eines späteren Ausstiegs auch nur im Ansatz zu kennen. Das Bewusstsein für die Umwelt und die Gefahren der Radioaktivität war eben noch wenig ausgeprägt, und das Gebiet der Technikfolgenabschätzung entstand ebenfalls erst später. Erst mit der Havarie im Kernkraftwerk Three Mile Island bei Harrisburg, Pennsylvania (USA), am 28.03.1979 änderte sich das öffentliche Bewusstsein langsam – und schließlich grundlegend nach der nuklearen Katastrophe von Tschernobyl im Jahr 1986, von deren Folgen Deutschland mittelbar betroffen war.

Die Karte auf Seite 10, die vom Bundesverband Bürgerinitiativen in Deutschland herausgegeben wurde, bezieht sich auf eine Studie der Kernforschungsanlage Jülich von 1975 und zeigt mögliche Standorte für Kernkraft- und Wiederaufbereitungsanlagen in Westdeutschland. Sie belegt zum einen die Technikgläubigkeit der Forscher und Ingenieure. Zum anderen ist sie Beleg für das Misstrauen und für Missverständnisse in der Zivilgesellschaft. Während der Studie eine reine Modellierung aus verschiedenen Parametern mit einem Zeithorizont bis 2075 (sic!) zugrunde liegt,[5] nimmt die sich formierende Anti-Atomkraft-Bewegung die Karte für bare Münze und verweist auf Geheimabsprachen zwischen Politik, Atomindustrie und Verwaltung.

Letztlich – und das ist entscheidend – war der Einstieg in die Kernenergie ein politisches Projekt. Und weil für die Umsetzung der kommerziellen Nutzung die deutsche Energiewirtschaft benötigt wurde, waren die Beziehungen zwischen Politik und Wirtschaft deutlich enger, als die zwischen Politik und Zivilgesellschaft – was sich später als zentrales Problem herauskristallisieren sollte.

### Die Gretchenfrage

In den 1980er und 1990er Jahren, als die Anti-Atomkraft-Bewegung auf ihrem Höhepunkt war, lautete die Gretchenfrage

# Standorte für KERNKRAFTWERKE:

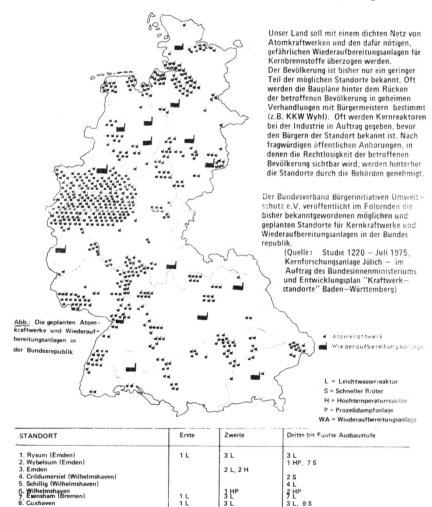

Unser Land soll mit einem dichten Netz von Atomkraftwerken und den dafür nötigen, gefährlichen Wiederaufbereitungsanlagen für Kernbrennstoffe überzogen werden.
Der Bevölkerung ist bisher nur ein geringer Teil der möglichen Standorte bekannt. Oft werden die Baupläne hinter dem Rücken der betroffenen Bevölkerung in geheimen Verhandlungen mit Bürgermeistern bestimmt (z.B. KKW Wyhl). Oft werden Kernreaktoren bei der Industrie in Auftrag gegeben, bevor den Bürgern der Standort bekannt ist. Nach fragwürdigen öffentlichen Anhörungen, in denen die Rechtlosigkeit der betroffenen Bevölkerung sichtbar wird, werden hinterher die Standorte durch die Behörden genehmigt.

Der Bundesverband Bürgerinitiativen Umwelt-schutz e.V. veröffentlicht im Folgenden die bisher bekanntgewordenen möglichen und geplanten Standorte für Kernkraftwerke und Wiederaufbereitungsanlagen in der Bundesrepublik.
(Quelle: Studie 1220 – Juli 1975, Kernforschungsanlage Jülich – im Auftrag des Bundesinnenministeriums und Entwicklungsplan "Kraftwerk-standorte" Baden–Württemberg)

Abb.: Die geplanten Atom-kraftwerke und Wiederauf-bereitungsanlagen in der Bundesrepublik

▪ Atomkraftwerk
◤ Wiederaufbereitungsanlage

L = Leichtwasserreaktor
S = Schneller Brüter
H = Hochtemperaturreaktor
P = Prozeßdampfanlage
WA = Wiederaufbereitungsanlage

| STANDORT | Erste | Zweite | Dritte bis Fünfte Ausbaustufe |
|---|---|---|---|
| 1. Rysum (Emden) | 1 L | 3 L | 3 L |
| 2. Wybelsum (Emden) | | | 1 HP, 7 S |
| 3. Emden | | 2 L, 2 H | |
| 4. Crildumersiel (Wilhelmshaven) | | | 2 S |
| 5. Schillig (Wilhelmshaven) | | | 4 L |
| 6. Wilhelmshaven | | 1 HP | 2 HP |
| 7. Esensham (Bremen) | 1 L | 3 L | 7 L |
| 8. Cuxhaven | 1 L | 3 L | 3 L, 9 S |

Abbildung
▶ Bundesverband Bürgerinitiativen
Umweltschutz e. V.

einer ganzen Generation: „Wie hältst Du es mit der Kernkraft?". Über lange Zeit schien in der Sache weit und breit kein Konsens in Sicht – man war entweder dafür oder dagegen. Frank Uekötter, der das deutsche Nuklearprojekt und seine Akteure analysiert hat, sieht es differenzierter. Er erkennt über die Jahrzehnte hinweg eine inhärente Dynamik, Vielstimmigkeit sowie unzählige Gespräche auf verschiedenen gesellschaftlichen und politischen Ebenen. Der Atomausstieg von 2011 ist für ihn „eine Erfolgsgeschichte bundesdeutscher Verhandlungsdemokratie"[6], ja sogar getragen von „einem Diskursprojekt, in dem die großen Themen verhandelt wurden: demokratische Teilhabe, Widerstandsrecht, Rechtsstaatlichkeit und Entscheidungsbefugnisse, Energie, Risiken für Mensch und Umwelt und die Frage, wie wir in Zukunft leben wollen."[7] Wegweisend war hier der sogenannte Brokdorf-Beschluss des Bundesverfassungsgerichts von 1985 infolge eines unrechtmäßigen Versammlungsverbots bei der Brokdorfer Großdemonstration von 1981.[8] Der Grundsatzbeschluss würdigt die Herausbildung neuer Sozialer Bewegungen in der Nachkriegszeit – etwa auch der Studentenbewegung – und spricht ihnen das Recht auf friedlichen Protest, auf Mitbestimmung und Mitwirkung bei der politischen Willensbildung zu (s. S. 66/140). Mit ihm zeigt sich zugleich die zeitgeschichtliche und rechtswissenschaftliche Dimension der Auseinandersetzung zwischen der staatlichen Exekutive und der Anti-Atomkraft-Bewegung,[9] die für viele Belange der sich verändernden Gesellschaft eine Vorreiterrolle einnahm.

Das lange Ringen um die Kernkraft – Einstiege und Ausstiege

Ein medial und ideell wichtiges Ereignis war die Vereidigung Joschka Fischers im Jahr 1985 zum Hessischen Umweltminister – in Turnschuhen. Auch wenn die Regierungskoalition am Streit über die Genehmigung des Hanauer Nuklearunternehmens Alkem nach nicht einmal zwei Jahren zerbrach und Fischer in dieser Zeit in Sachen Atomausstieg nur wenig erreichen konnte, war mit den Grünen doch erstmals eine kern-

# Standorte von Leistungsreaktoren, Zwischen- und Endlagern

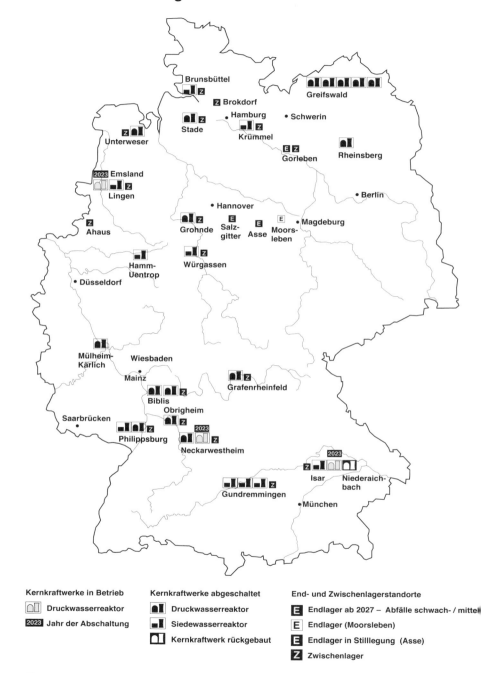

**Kernkraftwerke in Betrieb**
- Druckwasserreaktor
- 2023 Jahr der Abschaltung

**Kernkraftwerke abgeschaltet**
- Druckwasserreaktor
- Siedewasserreaktor
- Kernkraftwerk rückgebaut

**End- und Zwischenlagerstandorte**
- **E** Endlager ab 2027 – Abfälle schwach- / mittel
- **E** Endlager (Moorsleben)
- **E** Endlager in Stilllegung (Asse)
- **Z** Zwischenlager

energiekritische Partei in einer Landesregierung vertreten.

Nach längeren Verhandlungen zwischen den Betreibergesellschaften und der Rot-Grünen Bundesregierung wurde am 14. Juni 2000 der sogenannte Atomkonsens besiegelt und 2002 schließlich das Atomgesetz im Hinblick auf einen geregelten Ausstieg aus der Kernenergie geändert. Unter anderem wurden regelmäßige Sicherheitsüberprüfungen in das Gesetz aufgenommen, ein Verbot zum Bau von neuen Kernkraftwerken sowie die Verpflichtung der Betreiber Zwischenlager für abgebrannte Brennelemente an ihren Standorten einzurichten. Der Kernpunkt aber war die Beschränkung der Regellaufzeit der Reaktoren auf längstens 32 Jahre ab Inbetriebnahme sowie eine Festsetzung von garantierten Reststrommengen je Kraftwerk.[10] Zugebilligt wurde zudem die Übertragbarkeit von Reststrommengen. Sollte etwa ein Kraftwerk aus technischen Gründen frühzeitig abgeschaltet werden müssen, konnte dessen garantierte Strommenge auch von anderen Kraftwerken produziert werden, sodass der Gesamtumsatz gleichbleibend war. Damit konnten die Unternehmen den geregelten Ausstieg mit ausreichend Vorlauf und wirtschaftlich verlässlich planen.

2010 kam es unter der christlich-liberalen Bundesregierung allerdings zum teilweisen Wiedereinstieg in die Kernkraft. Im Zuge eines neuen Energiekonzeptes der Bundesregierung wurde zwar grundsätzlich am Ausstieg aus der Kernenergie festgehalten, sie sollte aber als Brückentechnologie deutlich länger eingesetzt werden. Mit der 11. Novelle des Atomgesetzes[11] wurden daraufhin höhere Reststrommengen und damit im Durchschnitt 12 Jahre längere Laufzeiten für die noch in Betrieb befindlichen Kraftwerke beschlossen.[12]

Als am 11. März 2011 nach einem Seebeben die Unfallserie im japanischen Kernkraftwerk Fukushima Daiichi einsetzte,

Grafik
▶ Stefan Rettich und Janke Rentrop nach
Rina Gashi

Quellen
▶ BMUV (2020): KKW-Standorte in Deutschland, www.nuklearsicherheit.de
▶ BGZ Gesellschaft für Zwischenlagerung
mbH (2016): Übersicht der BGZ-Zwischenlager,
www.zwischenlager.info

war das Gesetz gerade einmal drei Monate alt. Die Erkenntnis, dass selbst in einem hoch technologisierten Land wie Japan eine nukleare Katastrophe solchen Ausmaßes möglich war, führte in Deutschland zu einer abrupten Neubewertung der Risiken durch die Kernenergie. Bereits am 14. März beschloss die Bundesregierung mit dem sogenannten Atom-Moratorium, die Laufzeitverlängerung für drei Monate auszusetzen und in dieser Zeit eine Sicherheitsprüfung aller Anlagen vorzunehmen. Die sieben ältesten Kraftwerke wurden unmittelbar abgeschaltet, das Kraftwerk in Krümmel, das aufgrund technischer Probleme nach einem Transformatorenbrand schon seit 2007 nicht mehr am Netz war, blieb ebenfalls abgeschaltet. Zudem wurde eine Ethik-Kommission eingesetzt, die zu dem Ergebnis kam, dass der endgültige Ausstieg Deutschlands aus der Kernenergie binnen eines Jahrzehnts vollzogen werden sollte und auch möglich ist.[13] Am 6. August 2011 wurde daraufhin erneut ein Novelle des Atomgesetzes verabschiedet. Den bereits abgeschalteten Anlagen wurde die Betriebserlaubnis entzogen, für die übrigen Kernkraftwerke wurden neue Reststrommengen und eine stufenweise Abschaltung festgelegt. Die drei letzten Kraftwerke, Isar 2, Emsland und Neckarwestheim II, sollten demnach spätestens zum 31.12.2022 vom Netz genommen und der Ausstieg endgültig besiegelt werden.

Offen war aber noch, wer für die Kosten des Rückbaus der Anlagen und vor allem für die Lagerung des atomaren Mülls aufkommen sollte. Im „Gesetz zur Neuordnung der Verantwortung in der kerntechnischen Entsorgung" wurden 2017 schließlich die Zuständigkeiten nach dem Grundsatz der Handlungsverantwortung festgelegt. Demnach kommen die Energieversorgungsunternehmen für den Rückbau der Anlagen auf, während der Bund für die Einrichtung und den Betrieb der Zwischen- und Endlagerstätten zuständig ist[14] (s. S. 100). Die Betreiber wurden dabei zu einer Einmalzahlung von 24 Milliarden Euro aus ihren Rücklagen an den Bund verpflichtet, die von dem eigens eingerichteten „Fonds zur Finanzierung der kerntechnischen Entsorgung" (KENFO) verwaltet und so angelegt werden, dass mit den Einkünften Bau und Betrieb der Zwischen- und Endlagerstätten dauerhaft finanziert werden können.[15] Ein ambitioniertes Unterfangen, wenn man bedenkt, dass das sogenannte High-Active-Waste-Lager, in dem hochradioaktive Abfälle gelagert werden sollen, Sicherheit für Mensch und Umwelt für die Dauer von bis zu einer Million Jahre gewährleisten soll – auch wenn dieses Lager nach einem bestimmten Zeitraum dauerhaft verschlossen und nicht mehr zugänglich sein wird.[16]

## Energiekrise, EU-Taxonomie und Streckbetrieb

Vor dem Hintergrund des Ukrainekonflikts und der daraus hervorgegangenen Energiekrise wird das Sicherheitsrisiko der Kernkraft von Teilen der Wirtschaft und Politik nun offenbar wieder neu bewertet. Dabei sind zunehmend Argumente der Nachhaltigkeit sowie allgemeine Klimaziele von Bedeutung. Auffällig ist dabei, dass Restrisiken und potenzielle Umweltschäden durch nukleare Unfälle oder die hochradioaktiven Abfälle als konkrete Technikfolgen kaum Eingang in den Diskurs finden. Ganz so, als hätte der katastrophale Unfall in Fukushima nicht stattgefunden, als hätte im Nachgang die Befassung mit der Zwischen- und Endlagerung nicht gezeigt, welche immensen Kosten und ökologischen Belastungen mit den Abfällen verbunden sind. Dass Gas- und Kernkrafttechnologien Eingang in die EU-Taxonomie finden sollen,[17] kann ob der vorliegenden Erkenntnisse nur als Akt der Energiesicherheit und insbesondere als Zugeständnis an Deutschland, aber auch an Frankreich interpretiert werden, das ohne Kernkraft so nackt dastehen würde wie Deutschland ohne russisches Gas.

Auch die Entscheidung von Bundeskanzler Olaf Scholz, die letzten drei am Netz befindlichen Kraftwerke Isar 2, Emsland und Neckarwestheim II im Streckbetrieb bis 15. April 2023 weiter betreiben zu lassen, ist vor diesem Hintergrund zu lesen.[18] Wer heute im Zeichen der Energiekrise aber die Bestellung neuer Brennstäbe oder gar den Bau neuer Anlagen fordert, sollte sich zunächst mit den Argumenten und Wendungen sowie den Verträgen zwischen Energiewirtschaft und der Bundesrepublik der letzten beiden Dekaden befassen.

# Bau- und Laufzeiten
# von Leistungsreaktoren

- ▬ Bauzeit
- ▬ Laufzeit
- — Abschaltung bis Rückbau
- ▪▪▪ Rückbau

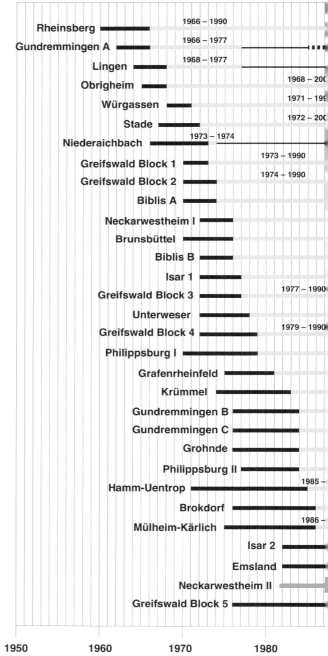

Grafik
▶ Stefan Rettich und Janke
Rentrop

Quellen
▶ BMUV (2020): KKW-
Standorte in Deutschland,
www.nuklearsicherheit.de
▶ Eigene Recherchen

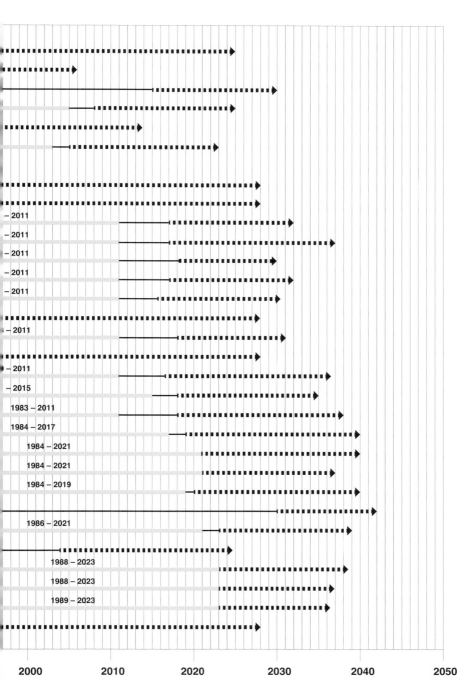

| | 2011 |
| --- | --- |
| | − 2011 |
| | − 2011 |
| | − 2011 |
| | − 2011 |
| | − 2011 |
| | − 2011 |
| | − 2011 |
| | − 2011 |
| | − 2015 |
| 1983 | − 2011 |
| 1984 | − 2017 |
| 1984 | − 2021 |
| 1984 | − 2021 |
| 1984 | − 2019 |
| 1986 | − 2021 |
| 1988 | − 2023 |
| 1988 | − 2023 |
| 1989 | − 2023 |

2000    2010    2020    2030    2040    2050

17

Dazu gehört auch, dass sich die deutsche Energiewirtschaft von der Kernkraft längst verabschiedet hat: „Unser Interesse an einem Weiterbetrieb ist gleich null. (…) Die Zukunft von RWE liegt in den erneuerbaren Energien", Nuklearanlagen seien „nicht mehr wettbewerbsfähig" und: „Ich sehe keinen privaten Investor, der derzeit in Europa in den Bau neuer Atomkraftwerke investieren würde." – so RWE-Manager Nikolaus Valerius im Vorfeld der Abschaltung des letzten Blocks in Gundremmingen im Dezember 2021 gegenüber der Presse.[19] Das liegt auch daran, dass aktuelle Neubauprojekte in Europa nur unter immenser staatlicher Förderung realisiert werden können. Für das Kernkraftwerk Hinkley Point, das gerade in Großbritannien gebaut wird, garantiert die britische Regierung einen Festabnahmepreis von 108,50 Euro je produzierter Megawattstunde, während Strom aus neuen Offshore-Parks nur etwa 45 bis 55 Euro je Megawattstunde kostet.[20]

Steht nun nach dem Ausstieg von 2002, dem teilweisen Wiedereinstieg 2010 und dem Wiederausstieg 2011 doch der Wieder-Wiedereinstieg in die Kernenergie an? Und wieder verführt das Atom, das einer Industrienation wie Deutschland, die über keine eigenen Gasvorkommen verfügt, in der aktuellen geopolitischen Lage Energiesicherheit zurückgeben könnte, bis die Energiewende vollzogen ist. Politiker, die dies fordern, sollten zumindest anerkennen, dass Kernenergie nicht nachhaltig ist, und sie dürfen nicht verschweigen, dass es sich um eine Hochrisikotechnologie handelt. Und sie sollten mit demselben Nachdruck die Suche nach einem Endlager und dessen Einrichtung unterstützen – auch wenn dies am Ende im eigenen Wahlkreis entstehen könnte. Beinahe siebzig Jahre nach dem Einstieg in die Kernkraft kann man die Augen vor den Folgen dieser Technologie nicht mehr verschließen. Das deutsche Atomprojekt bleibt, was es von Beginn an war: ein politisches Projekt – und auch der Wiedereinstieg müsste wie Ende der 1950er Jahre aus staatlichen Mitteln finanziert werden.

Angesichts der aktuellen kriegerischen Auseinandersetzungen und der Drohkulisse eines atomaren Konflikts verwundert es sehr, dass die friedliche Nutzung der Kernenergie

davon völlig losgelöst und ohne geopolitischen Bezug diskutiert wird. Viele Staaten, wie beispielsweise Iran, nutzen Kernkraftwerke als technologische Trittsteine, um waffenfähiges
Plutonium zu produzieren. Mit dem Wiedereinstieg westlicher
Staaten in die friedliche Kernenergie ließe sich dies anderen
Staaten schwer verwehren, auch wenn diese aus anderen,
militärischen Absichten heraus handeln. Als Folge könnte
daraus eine multilaterale atomare Bedrohung erwachsen mit
dem Erfordernis einer permanenten Überwachung der weltweiten Kernenergieprojekte.

### Graue und symbolische Energie

Kernkraftwerke polarisieren – bis heute. Das liegt schon an
ihrer Lage, über die viel zu wenig gesprochen wird. Sie liegen
im Abseits der großen Agglomerationen, teils in den schönsten Abschnitten der deutschen Flusslandschaften. Und es
bedurfte schon eines gehörigen Maßes an Brutalität, um dort
Industriegebiete hineinzubauen, mit gigantischen Bauwerken,
von denen manche so hoch sind wie der Kölner Dom. Bauwerke, in denen Material verarbeitet wird, das auch zum Bau
von Atombomben verwendet wird, und aus dem Abfall entsteht, der so gefährlich ist, dass er für eine Million Jahre
sicher eingelagert werden muss. Auf der anderen Seite sind
Kernkraftwerke auch Wahrzeichen – sie sind Landmarken,
aber auch bauliche Zeugen einer erbitterten gesellschaftlichen und politischen Auseinandersetzung über Energie,
Wirtschaft und die Abschätzung von Technikfolgen. Heute,
inmitten der Energiekrise, ist dieser Streit aktueller denn je.
    All das macht Kernkraftwerke zu besonderen Orten, topo-
logisch wie symbolisch. Dennoch steht ihnen der Rückbau
bevor. Bleibt es dabei, dass in Deutschland nach dem Streckbetrieb der letzten drei Kraftwerke im April 2023 der Ausstieg
aus der Kernenergie vollzogen wird, wird es nach ein bis zwei
Generationen kein physisches Merkmal mehr geben, dass
darauf hindeutet, dass in Deutschland jemals Kernenergie
produziert wurde.

Dies wäre nachvollziehbar, wenn eine nukleare Kontamination es erfordern würde. Das ist aber nicht Fall. Kernkraftwerke werden nach dem umgekehrten Zwiebelprinzip rückgebaut: Zunächst werden die Brennelemente ausgebaut, nach einer Abklingphase in Castoren verpackt und in lokalen Zwischenlagern deponiert. Danach wird der Reaktordruckbehälter zerlegt und mit weiteren kontaminierten Anlagenteilen ebenfalls zwischengelagert. Sofern radioaktive Strahlung in die Baukonstruktion eingedrungen ist, werden diese Teile aus der dicken Betonkonstruktion herausgebrochen, dokumentiert und ebenfalls sicher eingelagert (s. Abb. S. 22 oben). Zurück bleibt eine dekontaminierte Gebäudehülle. Sobald diese von den Genehmigungsbehörden freigemessen wurde – also frei von radioaktiver Strahlung ist –, wird die gesamte Anlage aus dem Atomgesetz entlassen und es setzt ein konventioneller Rückbau ein. Allein der sogenannte Kontrollbereich eines Kernkraftwerks[21] umfasst rund 150.000 Tonnen an konventionellem Bauschutt. Hinzu kommen das Maschinenhaus mit der Turbine sowie ein Kühlturm, wenn die Technologie einen solchen erforderte (s. S. 90–101).

Das Atomprojekt, das als politisch-technologisches Projekt gestartet ist und zu einem gesellschaftlichen Projekt mutierte, soll am Ende wieder auf rein technologischer Ebene abgewickelt werden – unter Verschwendung ungeheurer Mittel und Massen an grauer Energie.

### Industriekultur und unbequeme Denkmale

Bernd Becher, der mit seiner Frau Hilla zu den bedeutendsten deutschen Fotografen des 20. Jahrhunderts zählt, begann seine Auseinandersetzung mit Industriebauwerken, vorwiegend der Montanindustrie, anhand von Zeichnungen. Erst

Blick in das freigemessene Reaktorgebäude von Würgassen
Foto: Nils Stoya

Zeche Zollverein, Essen
Foto: Markus Spieske / CC0 1.0 Universal (CC0 1.0)

als er 1957 beim Zeichnen der Abbrucharbeiten der Grube Eisernhardter Tiefbau bemerkte, dass die Objekte schneller verschwanden, als er sie mit dem Stift festhalten konnte, nutzte er den Fotoapparat.[22] Den einsetzenden Strukturwandel in der deutschen und europäischen Schwerindustrie erkannten er und seine Frau bereits 1959, bei Beginn ihrer Zusammenarbeit. „Die ersten Anlagen waren zu diesem Zeitpunkt bereits stillgelegt, und keine staatliche Institution fühlte sich verpflichtet, die in weiten Teilen vom Verschwinden bedrohte Industriearchitektur umfassend zu dokumentieren und damit bildlich zu bewahren", erläutert Susanne Lange die Ausgangssituation der Bechers.[23] Bis der kulturelle Wert dieser Bauten außerhalb der Kunst- und Fotografieszene erkannt und zum Markenzeichen des Ruhrgebiets ausgebaut wurde, dauerte es drei Jahrzehnte. Mit der IBA Emscher Park setzte ab 1989 neben dem Umbau der geschundenen Landschaft auch die Inwertsetzung der verstreut liegenden Industrie- und Zechenanlagen ein, unter anderem der Zeche Zollverein in Essen, die 2001 in die Welterbeliste der UNESCO aufgenommen wurde[24] (s. Abb. links unten).

Ganz gleich, wie sich der politische Diskurs zur Kernkraft im Zeichen der Energiekrise weiter entwickeln wird, viele Kraftwerke haben ihren technischen Zenit längst überschritten, sind stillgelegt oder befinden sich schon im nuklearen Rückbauprozess. Die Frage von Abriss oder Erhalt und Umnutzung stellt sich also schon für eine ganze Reihe der Bauwerke, obschon sich die Debatte über deren baukulturellen Wert bislang auf Fachkreise der Denkmalpflege beschränkt.[25] Michael Bastgen geht in diesem Buch auf den Denkmalwert ein und sieht nicht nur den Aspekt der Seltenheit – eine wesentliche Voraussetzung – als gegeben an. Er erkennt den besonderen Wert von Kernkraftwerken auch in dem kontroversen gesellschaftlichen Diskurs über die Kernenergie selbst, der in den Bauwerken manifest ist (s. S. 31–39). In der Denkmalpflege spricht man bei solch umstrittenen oder schwer zu erhaltenden Bauwerken auch von „unbequemen Denkmalen", einem Begriff, der in den 1990er Jahren von Norbert Huse geprägt wurde.[26]

# Erzeugte Strommengen von Leistungsreaktoren nach Jahr der Inbetriebnahme

 Erzeugte Strommengen in TWh bis Oktober 2022

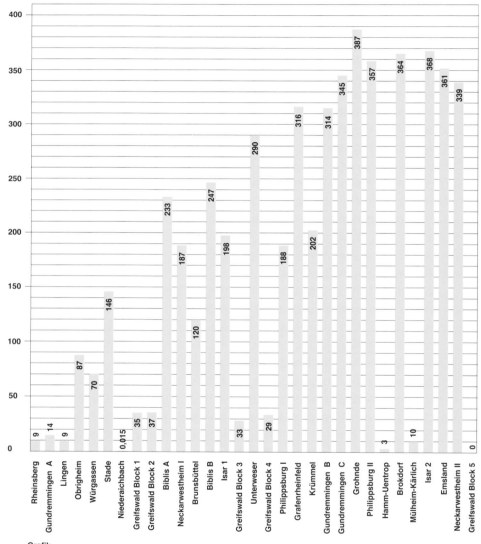

Grafik
▶ Stefan Rettich und Janke Rentrop

Quelle
▶ IAEA – Power Reactor Information System
(2021): Country Statistics Germany,
www.pris.iaea.org

Noch ist Zeit, denn der erforderliche nukleare Rückbau der Reaktoranlage nimmt etwa 10 bis 15 Jahre in Anspruch (s. S. 94–95). Die Frage einer möglichen Nachnutzung könnte daher als begleitender baukultureller Prozess verstanden werden und müsste ohnehin aus der Region heraus und von den dort involvierten Akteuren beantwortet werden.

## Kernkraftwerke – Orte mit Geschichte und Zukunft

Der Wettbewerb der politischen Blöcke im Kalten Krieg blieb nicht allein auf die militärische Nutzung der Kernenergie beschränkt. 1966 gingen die ersten beiden deutschen Leistungsreaktoren zuerst im brandenburgischen Rheinsfeld und einige Monate später im bayerischen Gundremmingen ans Netz. Seither wurden an 21 deutschen Orten in insgesamt 31 Leistungsreaktoren etwa 5300 Terrawattstunden Strom erzeugt (s. Abb. links). Eine beeindruckende Bilanz, wenn man bedenkt, dass der gesamtdeutsche Jahresstromverbrauch 2021 bei etwa 508 Terrawattstunden lag.[27] Damit verbunden waren natürlich auch immense Umsätze der Energieunternehmen. Die Zahlen liegen im Graubereich, aber man geht davon aus, dass mit einem Kraftwerk, dessen Investitionskosten abgeschrieben waren, im Durchschnitt etwa eine Million Euro Gewinn pro Tag erwirtschaftet werden konnten.[28] Ein weiteres, verführendes Moment, das bei den Standortentscheidungen durchaus eine Rolle gespielt haben dürfte. Denn Kraftwerkskommunen haben in nicht unerheblichem Maße von Gewerbesteuereinnahmen profitiert sowie von zusätzlichen Arbeitsplätzen, die im Zuge der Ansiedlung entstanden sind.

Man kann durchaus von einem dezentralen Strukturwandel sprechen, der nun von den Abschaltungen der Kraftwerke ausgelöst wird, und der dem Kohleausstieg in wenig nachsteht, politisch aber nicht diskutiert wird. Neben den direkten Gewerbesteuereinnahmen fallen auch andere Wertschöpfungsketten weg. Zum Beispiel die zyklischen Effekte auf die regionale Wirtschaft, die durch die jährlichen Revisionen hervorgerufen wurden. Dafür kamen etwa 1000 zusätzliche, gut bezahlte Monteure für vier bis sechs Wochen in die Region,

# Mögliche Nachnutzungen am Beispiel von fünf Standorten

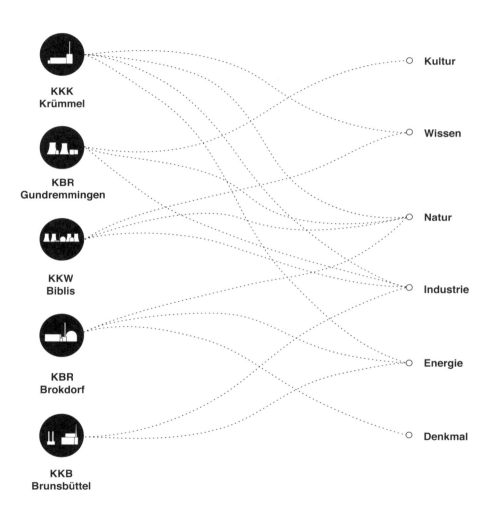

KKK
Krümmel

KBR
Gundremmingen

KKW
Biblis

KBR
Brokdorf

KKB
Brunsbüttel

Kultur

Wissen

Natur

Industrie

Energie

Denkmal

Grafik
▶ Stefan Rettich und Janke Rentrop

mit positiven Effekten auf den regionalen Wohnungsmarkt sowie auf Einzelhandel, Gastronomie und Freizeiteinrichtungen. Für die ehemaligen Kernkraftwerkskommunen wird es damit zunehmend schwierig, Kultur- und Freizeiteinrichtungen, die in den fetten Jahren gebaut wurden, zu betreiben, auch wenn sie gut gewirtschaftet und Rücklagen gebildet haben. Die Zwischenlager, die bis zur geplanten Inbetriebnahme eines Endlagers 2050 an den Standorten verbleiben müssen, behindern eine mögliche Nachnutzung zusätzlich.

Um so wichtiger ist es, bereits heute in die Diskussion über eine mögliche Nachnutzung einzusteigen und positive Bilder und Szenarien zu entwickeln. Aus der Lage sowie aus alten und neuen Standortfaktoren lassen sich durchaus unterschiedliche Entwicklungspfade ableiten, die den Einstieg in die Diskussion über eine Konversion unterstützen können. Jeder Standort hat zudem eine eigene, sehr spezifische Geschichte, aus der sich Anknüpfungspunkte ergeben. Die Matrix möglicher Nachnutzungen zeigt grundsätzliche Optionen für fünf der Standorte (s. Abb. links). Diese werden in spezifische Konversionsprojekte überführt, wie ab Seite 122 detailliert beschrieben wird. So wurden beispielsweise in Brokdorf wegen anhaltender Großdemonstrationen während der Bauzeit zwei Wassergräben zum Schutz des Kraftwerks angelegt – wie bei einer mittelalterlichen Festung. Krümmel war vormals Standort einer Sprengstofffabrik, in der Alfred Nobel das Dynamit erfand und patentieren ließ. Und in Gundremmingen stehen die größten Kühltürme der Republik. Dort, wo die beiden Siedewasserreaktoren von Block B und C bis Ende 2021 die größten Strommengen aller Standorte produziert haben, kam es aber auch zu einem schweren Störfall mit wirtschaftlichem Totalschaden. So wurde Reaktorblock A 1977 nach nur elf Jahren Laufzeit dauerhaft abgeschaltet.

Die Erfolgsgeschichte des billigen Stroms hat also auch weniger bekannte Kehrseiten. In Niederaichbach wurde das Kraftwerk beispielsweise schon zwei Jahre nach Inbetriebnahme stillgelegt. Der dort eingesetzte Schwerwasserreaktor verursachte permanent technische Probleme und produzierte insgesamt an nur 18,3 Tagen Strom.[29] Auch in Hamm-Uentrop gab es unlösbare technische Probleme.[30] Der THTR-300 – ein Kugelwasserreaktor – wurde daher 1988 nach nur drei Jahren Laufzeit vom Netz genommen. Hinzu kommen auch einige Leistungsreaktoren, die nicht über die Planungsphase hinauskamen oder nie in Betrieb genommen wurden. Bekannt ist der „Schnelle Brüter" in Kalkar, der aus sicherheitstechnischen und politischen Bedenken nicht ans Netz ging. Heute werden dessen Gebäude und Gelände unter der Bezeichnung „Wunderland Kalkar" als Freizeitpark und Tagungsstätte genutzt.[31] Auch in Stendal war ein Kraftwerk bereits zu 85 Prozent fertig gestellt, als der Bau im Zuge der Wiedervereinigung eingestellt wurde. Die beiden anderen ostdeutschen Kraftwerke in Greifswald und Rheinsberg wurden ebenfalls stillgelegt, weil der dort verwendeten sowjetischen Technologie misstraut wurde.

### Zu diesem Buch

Die Inhalte in diesem Buch bilden die Essenz einer dreijährigen Auseinandersetzung am Fachgebiet Städtebau der Universität Kassel mit der Ausgangsfrage, ob Kernkraftwerke nach Ablauf ihrer Nutzung einfach verschwinden sollten, und ob dies aus Gründen der radioaktiven Kontamination zwingend erforderlich ist. Nach Kontaktaufnahme mit fast allen Kernkraftwerkskommunen konnten von Studierenden vergleichende Fallstudien erstellt und ein breiter Überblick gewonnen werden – zur Technologie, zur Lage der Kraftwerke in den Flusslandschaften, zum Verhältnis der Stadtgesellschaften zu ihrem Kraftwerk und zu den ökonomischen Interdependenzen zwischen Kraftwerk, Stadt und Region. Und natürlich zu den vielfältigen, individuellen Geschichten, die damit verbunden sind. Die Konversionsprojekte am Ende des Buches, die darauf aufbauen, entstanden als Studienprojekt in Kooperation mit Ariane Röntz und Barbara Ludescher.

Unser Dank gilt den Planungsämtern der Kernkraftwerkskommunen, die uns wertvolle Informationen und Unterlagen zur Verfügung gestellt haben, und für den engen Austausch insbesondere Elke Göttsche, der Bürgermeisterin von Brokdorf, Peter Huusmann vom Bauamt des Kreises Steinburg sowie Tobias Bühler, dem Bürgermeister von Gundremmingen. Bettina und Gerhard Boll haben uns Zugang zu ihrem beeindruckenden Archiv gewährt, Ralf Südfeld von PreussenElektra hat uns das gesamte Pressearchiv zum Kraftwerk Grohnde zur Verfügung gestellt. Darüber hinaus konnten wir uns bei Besichtigungen der Kernkraftwerke in Brunsbüttel, Brokdorf, Krümmel und Würgassen ein umfassendes Bild von verschiedenen Stadien des Rückbaus machen. Karsten Wulff und Olaf Hiel von Vattenfall Europe, Hauke Rathjen und Petra Cmok von PreussenElektra haben uns dabei umfassend informiert und die Sichtweise der Kraftwerksbetreiber nähergebracht.

Es zeigt sich, dass Kernkraftwerke nicht zwingend in Gänze zurückgebaut werden müssten. Im Gegenteil: Es erscheint vielmehr als ein grundlegender Fehler, wenn kein bauliches Zeugnis dieser faszinierenden wie umstrittenen Technologie übrigbliebe. So ist das Buch auch ein Plädoyer dafür, sich den baulichen Hinterlassenschaften des Atomzeitalters zu stellen und sich offensiv mit seinen unbequemen Denkmalen auseinanderzusetzen. Der eingängigste Weg ist sicher eine energetische Nachnutzung zur Speicherung erneuerbarer Energien. Vom Kernkraftmuseum über einen Friedenscampus bis hin zur Nutzung als Kunstmuseum oder Biosphärenreservat ist aber vieles möglich, abhängig von Standort und Geschichte. Die Kraftwerke blieben dann auch sichtbare Zeichen für die unsichtbaren Abfälle, die ab 2050 für eine Million Jahre eingelagert werden sollen. Sie wären ein Medium der Vermittlung und Verständigung mit nachfolgenden Generationen, die dann in der Verantwortung einer Technologie stehen, die sie nicht verantwortet haben.

**Quellen**

1  International Atomic Energy Agency (2022): History, https://www.iaea.org/about/overview/history (01.09.2022).

2  Wagner, Hermann-Friedrich (2017): Die vier Atomprogramme von 1957 bis 1976, https://www.weltderphysik.de/gebiet/technik/energie/ueberblick/geschichte/atomprogramme1957-1976/ (01.09.2022).

3  BMBF (2022): Die Dienstsitze in Bonn und Berlin, https://www.bmbf.de/bmbf/de/ueber-uns/das-bundesministerium-in-bonn-und-berlin/das-bundesministerium-in-bonn-und-berlin_node.html (01.09.2022).

4  Bei der Spaltung von einem Kilo angereichertem Uran 235 wird etwa so viel Energie freigesetzt wie beim Verbrennen von 3000 Tonnen Steinkohle.

5  Kernforschungsanlage Jülich (1975): Zukünf-

tige radioaktive Umweltbelastung in der Bundes-republik Deutschland durch Radionuklide aus kerntechnischen Anlagen im Normalbetrieb, S. 33–46; 202–209, https://juser.fz-juelich.de/record/842175/files/Jül_1220_Bonka.pdf (01.09.2022).

6 Uekötter, Frank (2022): Atomare Demokratie – Eine Geschichte der Kernenergie in Deutschland, Stuttgart, S. 10.

7 Ebd., S. 294.

8 Brokdorf-Beschluss: BVerfGE 69, 315.

9 Vgl. Doering-Manteuffel, Anselm et al. (2015): Der Brokdorf-Beschluss des Bundesverfassungsgerichts 1985, Tübingen, S. 1–5.

10 Vgl. die Vereinbarung zwischen der Bundesregierung und den Energieversorgungsunternehmen vom 14. Juni 2000, https://web.archive.org/web/20110915165358/http://www.bmwi.de/BMWi/Redaktion/PDF/V/vereinbarung-14-juni-2000,property=pdf,bereich=bmwi,sprache=de,rwb=true.pdf (01.09.2022).

11 11. AtG-Novelle vom 8. Dezember 2010, https://www.bmuv.de/gesetz/11-gesetz-zur-aenderung-des-atomgesetzes (01.09.2022).

12 Vgl. Deutscher Bundestag (2010): Laufzeitverlängerung von Atomkraftwerken zugestimmt, https://www.bundestag.de/webarchiv/textarchiv/2010/32009392_kw43_de_atompolitik-203098 (01.09.2022).

13 Vgl. Ethik-Kommission Sichere Energieversorgung (2011): Deutschlands Energiewende – Ein Gemeinschaftswerk für die Zukunft, Abschlussbericht, https://www.nachhaltigkeitsrat.de/wp-content/uploads/migration/documents/2011-05-30-abschlussbericht-ethikkommission_property_publicationFile.pdf (01.09.2022).

14 Vertrag zwischen der Bundesrepublik Deutschland und den Energieversorgungsunternehmen über die Finanzierung des Kernenergieausstiegs vom 26. Juni 2017, https://www.bmwk.de/Redaktion/DE/Downloads/M-O/oeffentlichrechtlicher-vertrag-zum-entsorgungsfonds.pdf?__blob=publicationFile&v=12 (01.09.2022).

15 Fonds zur Finanzierung der kerntechnischen Entsorgung (2022): Über den KENFO, https://www.kenfo.de/der-fonds/ueber-den-kenfo (01.09.2022).

16 Standortauswahlgesetz – StandAG, §1, Abs. 2.

17 Mit der sogenannten EU-Taxonomie hat die Europäische Kommission wirtschaftliche Tätigkeiten definiert, die zur Dekarbonisierung beitragen und das Ziel der EU unterstützen, bis 2050 klimaneutral zu werden. Mit der EU-Taxonomie sollen demnach private Investitionen in die Richtung der dort definierten wirtschaftlichen Tätigkeiten gelenkt werden. Am 2. Februar 2022 wurde von der Europäischen Kommission ein „ergänzender delegierter Klima-Rechtsakt" vorgelegt, mit dem Gas- und Kernenergietätigkeiten als Übergangstechnologien in die Taxonomie aufgenommen wurden. Er soll am 01.01.2023 in Kraft treten, vgl. https://ec.europa.eu/commission/presscorner/detail/de/ip_22_711 (01.09.2022).

18 Unter Streckbetrieb versteht man den Betrieb eines Kernkraftwerks über den gängigen Brennelementezyklus von etwa einem Jahr hinaus. Um die Brennstäbe bis zu ihrem natürlichen Zyklusende ausnutzen zu können, müssen chemische Abläufe im Reaktor verändert werden, beispielsweise durch eine Dichteänderung der eingesetzten Kühlmittel, vgl. https://www.grs.de/de/glossar/streckbetrieb (01.09.2022).

19 Marcus Theurer (2021): Atomkraft ohne Ende, Frankfurter Allgemeine Sonntagszeitung, (26.12.2021)

20 Ebd.

21 Der Kontrollbereich umfasst die nuklearen Anlagenteile. Bei einem Druckwasserreaktor ist dieser allein auf das Reaktorgebäude beschränkt. Bei Siedewasserreaktoren sind wegen des zusätzlichen Wasserkreislaufs auch die Turbine und damit Teile des Maschinenhauses betroffen.

22 Vgl. Weski, Thomas (2003): Der beste Durchschnitt, in: Kunstsammlung Nordrhein-Westfalen (Hg.): Bernd & Hilla Becher, Typologien industrieller Bauten, München, S. 43.

23 Lange, Susanne (2005): Was wir tun, ist letztlich Geschichten erzählen …, Bernd und Hilla Becher. Eine Einführung in Leben und Werk, München, S. 9.

24 Vgl. Durth, Werner (2010): Eine Zeitreise durch die Baukultur. Zur Geschichte der Internationalen Bauausstellungen, in: IBA Hamburg (Hg.): Netzwerk IBA meets IBA – Zur Zukunft internationaler Bauausstellungen, Berlin, S. 27–29.

25 Brandt, Sigrid/Dame, Thorsten (Hg.) (2019): Kernkraftwerke – Denkmalwerte und Erhaltungschancen, Berlin.

26 Vgl. Huse, Norbert (1997): Unbequeme Baudenkmale: Entsorgen? Schützen? Pflegen?, München.

27 Statista (2022): Nettostromverbrauch in Deutschland in den Jahren 1991 bis 2021, https://de.statista.com/statistik/daten/studie/164149/umfrage/netto-stromverbrauch-in-deutschland-seit-1999/ (01.09.2022).

28 Süddeutsche Zeitung Online (06.09.2009): Die Gelddruckmaschinen, https://www.sueddeutsche.de/wirtschaft/alte-atomkraftwerke-die-gelddruckmaschinen-1.808263 (01.09.22).

29 DER SPIEGEL (27/1985): Letzte Ruhestätte, https://www.spiegel.de/politik/letzte-ruhestaette-a-2df26438-0002-0001-0000-000013513555?context=issue (01.09.2022).

30 DER SPIEGEL (24/1986): Umweltfreundlich in Ballungszentren, https://www.spiegel.de/politik/umweltfreundlich-in-ballungszentren-a-7b6432ac-0002-0001-0000-000013517694?context=issue (01.09.2022).

31 Vgl. https://www.wunderlandkalkar.eu/de (01.09.2022).

# Michael Bastgen:
# Kernkraftwerke als Denkmal?
# Eine Belastungsprobe

Das Atomium in Brüssel ist ein weltweit bekanntes Denkmal der Atomenergie. Zur Weltausstellung 1958 errichtet, ist es ein Zeugnis des globalen Fortschrittsglaubens jener Zeit. Heute, mehr als 60 Jahre später, sind die großen Errungenschaften des voller Euphorie erwarteten Atomzeitalters ausgeblieben.[1] Die Kernenergie hat keine „neue industrielle Revolution"[2] ausgelöst, sondern sich nur als eine weitere und zudem stark umstrittene Form der Energiegewinnung entpuppt.

Im Jahr 2011 wurde als Reaktion auf die Reaktorkatastrophe von Fukushima in Deutschland das Ende der Kernenergie beschlossen. Wird auch in diesen Tagen infolge der ungeahnten politischen, gesellschaftlichen und wirtschaftlichen Verwerfungen, die der Angriffskrieg Russlands in der Ukraine nach Europa und in die Welt gebracht hat, das Datum der Abschaltung der letzten Kernkraftwerke infrage gestellt und auch wieder öffentlich über den Bau neuer Kernenergieanlagen nachgedacht – die Stilllegung des derzeitigen Kernkraftwerksbestands in Deutschland bleibt weiterhin nur eine Frage der Zeit. Wird der angedachte Rückbau auf die „grüne Wiese" ausnahmslos durchgehalten, werden in wenigen Jahren die letzten Zeugnisse eines Industriezweigs verschwunden sein, der die Gesellschaft in Deutschland wie kein anderer bewegt und geprägt hat.

Die Geschichte der nuklearen Energiegewinnung ist zu facettenreich, als dass Kernkraftwerke als reine Technik- und Industriedenkmale zu verstehen wären. Es braucht mehr als eine hochentwickelte Technologie, „um die bislang größte und wirkungsvollste Massenbewegung der deutschen Geschichte"[3] zu mobilisieren. Neben der physikalischen spielt daher die ideologische Belastung der Kernkraft eine nicht zu unterschätzende Rolle bei der Frage nach ihrem Erhalt. Aus dem polarisierenden, erbitterten und teils irrationalen Kampf für oder wider die Kernenergie resultiert eine ideologische Kontaminierung von Kernkraftwerken. Viele der beteiligten Akteure wünschen sich daher ein Verschwinden der Anlagen, darunter selbst jene, die deren Weiterbetrieb unterstützen würden. Ob für die Politik, die Energieerzeuger oder große Teile der Bevölkerung – für alle wäre es zweifellos bequemer, sich von der Gesamtheit der Kraftwerke zu trennen. Norbert Huse bezeichnet in seinem „Plädoyer […], auch schwierige Erbschaften zu akzeptieren", genau diese „Fremdkörper", „Stolpersteine" und „nicht geliebt[en]" Objekte als „unbequeme Denkmale".[4] So sei es gerade ihre Unbequem-lichkeit, die die Denkmalwelt zwar komplizierter, womöglich aber auch reicher und schlussendlich nützlicher mache. Können wir es uns erlauben, den historischen Streit um die Kernkraft aus dem nationalen Gedächtnis zu löschen? Oder ist das Kernkraftwerk bereits zu einem Denkmal geworden, ohne dass dies jemals gewollt war?

Mit Kernkraftwerken verbinden diverse Personen-gruppen ganz unterschiedliche Gefühle und Erinnerungen. Ob Anwohner, Beschäftigte, Demonstrierende oder Gegende-monstrierende, ob Menschen in Verwaltung, Kraftwerksbau, Politik, Presse, Polizei oder Justiz – Gegner und Befürworter der Kernenergie finden sich nicht nur in diesen Parteien. Von ihrer Position zur Nutzung der Kernenergie unabhängig steht die Frage nach dem Umgang mit den baulichen Hinterlassen-schaften, die das Potenzial birgt, selbst innerhalb der in der Ursprungsdebatte geeinten Lager für Spaltung und Streit zu sorgen. Eben dieser Diskurs um Deutung und Umgang mit einem baulichen Objekt begründet dessen „denkmalpflege-rischen Streitwert". Ein umstrittenes Denkmal ist nach Gabi Dolff-Bonekämper „nicht obwohl, sondern gerade weil es Streit auf sich zieht" von Bedeutung, da „im Streit um das Denkmal […] divergierende gesellschaftliche Bewertungen der Vergangenheit" artikuliert werden.[5] Nicht der Diskurs über ein Denkmal Kernkraftwerk, sondern der tiefergreifen-de Dissens über die Nutzung der Kernenergie unter all ihren ethischen, technischen und ökonomischen Aspekten hat unsere Gesellschaft zum sogenannten „Atomkonsens" geführt, in dessen Folge die ambitionierte grüne Energiewende parteiübergreifend vorangetrieben wurde. Kernkraftwerke besitzen folglich einen denkmalpflegerischen und gesellschaftlichen Streitwert. So könnte ein erhaltenes Kernkraftwerk eine mahnende Funktion übernehmen. Denn, wie angesichts der aktuellen Energieengpässe zu spüren ist, der einstige Atomkonsens gerät bereits heute ins Wanken. Möchten wir unsere im Dissens errungene bewusste Entscheidung gegen eine weltweit nach wie vor übliche Form der Energiegewinnung kommenden Generationen übermitteln, ist ein Denkmal Kernkraftwerk wertvoll.

Kernkraftwerke hinterlassen aufgrund der vielfältigen technischen, wirtschaftlichen und politischen Hürden ein besonders schwer zu erhaltendes bauliches Erbe. Dabei ist zu berücksichtigen, dass sie immer als eine Gesamtanlage geplant und verwirklicht wurden, deren Bauten in einem engen technischen und funktionalen Zusammenhang stehen. Der von Radioaktivität betroffene sogenannte Kontrollbereich stellt dabei nur einen Teil der Industriekomplexe dar. Bei Anlagen mit Druckwasserreaktor ist dies allein das Reaktorgebäude (s. Abb. S. 34 oben). Die Anlagen außerhalb des Kontrollbereichs sind frei von Kontamination und können mit dem gewohnt großen industriedenkmalpflegerischen Aufwand erhalten bleiben. Ferner verlangt die gesetzliche Rückbauverpflichtung alleine die Dekontamination. Im Anschluss daran können auch das Reaktorgebäude und gegebenenfalls das Maschinenhaus auf konventionelle Weise abgebrochen oder eben einer anderweitigen Nutzung zugeführt werden. Dass der Erhalt sämtlicher Bauwerke möglich ist, belegen Beispiele wie das über einen Kilometer lange Maschinenhaus des Kernkraftwerks Greifswald (s. Abb. S. 34 Mitte), das heute zur Kranherstellung genutzt wird, oder der museal genutzte Réacteur 1 in Chinon im Val de Loire.

Die konservatorischen Probleme konzentrieren sich im Wesentlichen auf die technischen Anlagen. Denkmalpflegerisch ist dies insofern problematisch, als somit insbesondere die kernkraftspezifischen Komponenten des Kraftwerks in großen Teilen verloren gehen. So wurden auch die

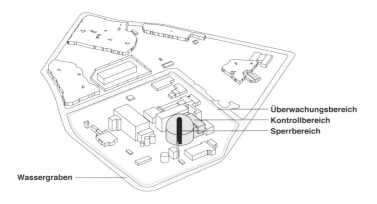

Überwachungsbereich
Kontrollbereich
Sperrbereich

Wassergraben

KBR Brokdorf
Grafik: Stefan Rettich und Janke Rentrop

KGR Greifswald 2005
© Harald/Wikipedia (CC BY-SA 3.0)

Forschungsreaktor FR-1, TU München, sogenanntes „Atom-Ei",
Gerhard Weber 1956–57
© FRM II/TU München

Anlagen des ersten deutschen Forschungsreaktors in Garching (s. Abb. links unten) trotz der Eintragung in die Denkmalliste vollständig ausgebaut: Das ikonische „Atom-Ei" wurde ausgeblasen.[6] Kann das Kernkraftwerk auch ohne den Reaktor, sein Herzstück, in dem die Energie des Kerns entfesselt und nutzbar gemacht wird, von Denkmalwert sein?

Wenn die radioaktive Belastung auch beseitigt oder eingeschlossen werden muss, könnte insbesondere dessen Kontaminierung das Kernkraftwerk schützenswert machen, wenn wir die Frage und Gegenfrage Uta Hasslers „Das Denkmal als Altlast?" und „Die Altlast als Denkmal?" an Kernkraftwerke stellen.[7] In der Diskussion um das Erbe der Montanindustrie regte Hassler an, dass insbesondere belastete Industriekomplexe – aller Erhaltungsprobleme zum Trotz – als Zeichen der Erneuerung und als Mahnmal des gestrigen Umgangs mit der Umwelt schutzwürdig sein könnten. Denn selbst wenn Kernkraftwerke aus der oberirdischen Denkmallandschaft verschwinden, werden uns die radioaktiven Abfälle unterirdisch und im Verborgenen für Jahrmillionen erhalten bleiben. Auch die Entfernung der sichtbaren Spuren der Atommüllproduktion wird daran nichts ändern. Vielmehr besteht die Gefahr, dass die Hinterlassenschaften der Kernenergie – aus den Augen, aus dem Sinn – nach wenigen Dekaden vergessen werden. Ein sichtbares Denkmal könnte kommende Generationen auf die Existenz dieser Lagerstätten als negative Folge der nuklearen Energieerzeugung hinweisen.

Das Denkmalrecht sieht für die Unterschutzstellung eine individuelle Prüfung des einzelnen Objekts vor. Die Analyse der gesetzlichen Bedeutungskriterien zeigt jedoch, dass die wesentlichen Schutzgründe den Denkmalwert von Zeugnissen der Kernenergie auch allgemein legitimieren können. Gewiss ist einem Kernkraftwerk wie dem in Brokdorf ein besonderer objektbezogener Erinnerungswert beizumessen. Der jahrelange Kampf, der mit dem Aufstieg der Grünen Partei, der politischen Wende innerhalb der SPD und dem rechtsgeschichtlich wegweisenden Brokdorf-Beschluss zu verbinden ist, unterstreicht die herausragende geschichtliche

Zaunanlage KKB Brunsbüttel
Foto: Janke Rentrop

Anti-AKW-Plakat Brunsbüttel-Krümmel 2010
© Campact e. V.

Soreq Nuclear Research Center, Philip Johnson 1956–59

Bedeutung des Kraftwerks.[8] Andererseits galt der Widerstand nie einem Einzelstandort, sondern der grundsätzlichen Verhinderung der Kernenergie. Daher kann über die gesamtgesellschaftliche Kernenergiekontroverse auch allgemein der Schutz ihres baulichen Erbes gerechtfertigt werden. Kernkraftwerke sind zu wichtigen Zeugnissen einer Geschichtsepoche geworden: der Epoche der großindustriellen Verwirklichung einer hoffnungsbeladenen Technologie und der gleichzeitig steigenden kritischen Reflexion in der Gesellschaft ab den 1970er Jahren. Die aufwendige Fortifikation bereits der Bauplätze aus Zaun- und Grabenanlagen zeugen von diesem innergesellschaftlichen Konflikt (s. Abb. links oben).[9]

Die technische Bedeutung der Kernkraftwerke, deren Integrität aufgrund der konservatorischen Probleme am meisten berührt ist, kann ebenfalls als allgemeiner Schutzgrund gelten. Ganz unabhängig von der persönlichen Einstellung zur Kernenergie sind Kernkraftwerke als bedeutende technische Entwicklung des 20. Jahrhunderts anzuerkennen. Galt es in der Nachkriegszeit, den menschendienlichen Einsatz der Kernspaltung zu beweisen, wurde die Technologie unter beispielloser staatlicher Förderung vorangetrieben.[10] Dies erklärt das im internationalen Vergleich hohe technische Niveau der deutschen Reaktoren, das sich durch eine Vielzahl von aufgestellten Weltrekorden in Leistungsstärke, Verfügbarkeit und produzierter Strommenge belegen lässt.[11] Der immense sicherheitstechnische Aufwand, die besonderen Arbeitsbedingungen, aber auch die einzigartige gesellschaftliche Rezeption dieser Technologie seien als weitere wesentliche Argumente für den Erhalt genannt. Da es sich bei den noch vorhandenen Kernkraftwerken ausschließlich um solche der Konvoi-Baulinie der Kraftwerk Union AG handelt, ist eine Differenzierung nicht zielführend.[12] Es ist demnach weniger entscheidend, welches der Kraftwerke erhalten wird, als generell ein Zeugnis dieser Technologie zu bewahren.

Welches Kernkraftwerk käme dafür infrage? Erst die eindeutige augenscheinliche Identifizierung kann im Betrachtenden die vorhandenen Assoziationen mit dem Geschehenen erwecken. Diese so ausgelösten Assoziationen sind gerichtsfestes Merkmal einer Denkmalfähigkeit, „wenn ein Gebäude im Bewusstsein der Bevölkerung einen Bezug zu bestimmten sozialen, kulturellen oder politischen Verhältnissen seiner Zeit aufweist".[13] Emblematisch geworden ist die Darstellung des Kernkraftwerks in seinem Schattenriss, meist zusammengesetzt aus Kühlturm und kuppelförmigem Reaktorgebäude. Dabei ist der oft mit der Kernenergie assoziierte Kühlturm keineswegs ein nukleares Spezifikum – fossil beheizte Kraftwerke können ebenso über einen solchen verfügen. Zudem benötigt ein Kernkraftwerk nicht zwingend einen Kühlturm. Küstennahe Standorte etwa kommen ohne Kühlturm aus, und auch technische Alternativen sind möglich, wenn wie in Neckarwestheim die Beeinträchtigung des Landschaftsbildes gering gehalten werden soll. Ein kuppelförmiges Reaktorgebäude hingegen ist zwar ein hinreichendes, aber kein erforderliches Bauteil eines Kernkraftwerks. Zahlreiche Siedewasserreaktoren sind kubisch oder zylinderförmig umbaut. Obwohl also andere Darstellungen denkbar wären, ist die Illustration mit Kühlturm und Kuppel zur Ikonografie des Kernkraftwerks geworden. Selbst im Protest gegen Standorte, an denen wie in Brunsbüttel oder Krümmel keines dieser Bauwerke zu finden ist, fand die Darstellung mitunter Verwendung (s. Abb. S. 36 Mitte). Die Omnipräsenz in der medialen und gesellschaftlichen Kontroverse hat die bildliche Vorstellung offensichtlich so nachhaltig geprägt, dass einem entsprechenden Kernkraftwerk ein intendierter Erinnerungswert zugesprochen werden kann, der über seinen individuellen Zeugniswert hinausreicht: ein Symbol des Widerstands gegen die Kernenergie, dem eigentlichen Ziel der Anti-AKW-Bewegung. Die Kernkraftwerke Emsland und Isar 2, beide derzeit noch aktiv, entsprechen dieser Darstellung.

Weitere Schutzgründe können genuin nur den individuellen Denkmalwert eines Kraftwerks prägen. Insbesondere mit Kühlturm können Kernenergieanlagen eine landschaftsprägende Bedeutung erreichen. Jedoch fehlt den Kernkraftwerken die positiv-romantische Konnotation, wie sie anderen verklärten Zeugnissen der Industrialisierung innewohnt.[14]

Beispiele für eine künstlerische Bedeutung finden sich international: Zu nennen wäre hier der „La Boule" genannte Réacteur 1 von Pierre Dufau in Chinon oder das von Philipp Johnson entworfene israelische Kernforschungszentrum Soreq (s. Abb. S. 36 unten).

Quellen

1   Vgl. Rusinek, Bernd-A. (1993): „Kernenergie, schöner Götterfunken!". Die „umgekehrte Demontage" Zur Kontextgeschichte der Atomeuphorie, in: Kultur & Technik 4, S. 15–21.

2   Bundesarchiv: Resolution von Messina 1955, Europäische Gemeinschaft für Kohle und Stahl, BArch B 102/11580/1.

3   Radkau, Joachim/Hahn, Lothar (2013): Aufstieg und Fall der deutschen Atomwirtschaft, München, S. 288.

4   Huse, Norbert (1997): Unbequeme Baudenkmale: Entsorgen? Schützen? Pflegen?, München, S. 7–11.

5   Dolff-Bonekämper, Gabi (2010): Gegenwartswerte. Für eine Erneuerung von Alois Riegls Denkmalwerttheorie, in: Scheuermann, Ingrid/Meier, Hans-Rudolf (Hg.): DENKmalWERTE, München, S. 27–40; hier: S. 33f.

6   Vgl. die Korrespondenz 2006–2009 mit der TU München das „Atom-Ei" betreffend im Archiv des Bayerischen Landesamtes für Denkmalpflege München.

7   Hassler, Uta (1996): Die Altlast als Denkmal?, in: Das Denkmal als Altlast? Auf dem Weg in die Reparaturgesellschaft, ICOMOS-Heft XXI, München, S. 101–113.

8   Nowottny, Eva/Dahl, Michael (2001): Symbol Brokdorf. Die Geschichte eines Konflikts, in: Demokratische Geschichte, Band 14, Malente, S. 257–320, hier: S. 318.

9   In Brunsbüttel existiert eine zweite Zaunanlage, die einzig an Demonstrationen geschlossen wird.

10   Vgl. ausführlich Radkau/Hahn (2013).

11   IAEA, Power Reactor Information System (PRIS), 2015.

12   Axel Föhl erachtet unter anderem „historisch typische Objekte" als potenziell schützenswert. Vgl. Föhl, Axel (1994): Bauten der Industrie und Technik, Bonn, S. 24f.

13   Vgl. Otting, Olaf (2004): Wann ist ein Bauwerk ein Denkmal?, in: Der Sachverständige, S. 135.

14   Grunsky, Eberhard (1996): Kühltürme als Kulturgut, in: Das Denkmal als Altlast? Auf dem Weg in die Reparaturgesellschaft, ICOMOS-Heft XXI, 1996, S. 115–125; hier: S. 115.

## Stefan Rettich (SR) im Gespräch mit

**Michael Bastgen (MB)** – Gesellschaft für Bautechnikgeschichte

**Tim Edler (TE)** – realities:united

**Elke Göttsche (EG)** – Bürgermeisterin Brokdorf

**Wolfram König (WK)** – Präsident Bundesamt für die Sicherheit der nuklearen Entsorgung (BASE)

**Karsten Wulff (KW)** – Vattenfall Europe, Regional Public Affairs

# Das lange Leben der Kernkraft

**SR: Frau Göttsche, wie kam es damals eigentlich zu der Standortentscheidung für Brokdorf?**

EG: Es war so, in den 50er und 60er Jahren ist die Wirtschaft in der Bundesrepublik sehr stark gewachsen und da hat die Bundesregierung schon erkannt, dass Gas, Kohle und Erdöl nicht unendlich sind und dass es auch Alternativen braucht. Letztlich hat man sich für die Kernkraft entschieden. 1973 wurde von der damaligen Landesregierung Schleswig-Holstein ein weiteres Kernkraftwerk angekündigt. Man hatte da den Standort zwischen Brokdorf und Wewelsfleth im Blick und am 28. Januar 1974 fiel dann die Entscheidung für Brokdorf.

**SR: Waren in Brokdorf alle glücklich mit dieser Entscheidung?**

EG: Natürlich war das ein ganz neues Feld für die Brokdorfer Bürger. Viele hatten zunächst Bedenken und natürlich schwangen auch Ängste mit, aber das meiste konnte in Aufklärungsveranstaltungen ausgeräumt werden. Es blieb ein kleiner Kreis, der sich sehr kritisch mit der Atomkraft auseinandergesetzt hat und auch aktiv dagegen vorging. Für die Gemeinde selbst, den Kreis Steinburg und für die ganze Region war es aber ein Gewinn, einen Gewerbebetrieb von dieser Größe zu bekommen. Zum Beispiel ist die Zahl der Einwohner von 700 auf 1000 gewachsen und es gab natürlich Gewerbesteuer. Für so eine kleine Landgemeinde waren das natürlich große Summen. Aber ich möchte betonen, dass von einem Euro Gewerbesteuer nur etwa 15 bis 20 Cent in der Gemeinde verblieben. Der größere Teil ging in die Amtsumlage, Kreisumlage, Finanzausgleichsumlage und Gewerbesteuerumlage.

SR: Wie haben Sie diese Mittel konkret eingesetzt?

EG: Das Geld haben wir mit Weitblick angelegt: Wir haben in gemeindeeigene Wohnungen investiert und eine Sport- und Mehrzweckhalle gebaut. Es wurden ein Freibad und eine Eishalle errichtet. Das ist bis heute ein gutes Aushängeschild für Brokdorf. Viele kommen von außerhalb, um ihre Freizeit hier zu verbringen, weil Brokdorf eben allerlei vorhält. Wir sind sehr bemüht, dass alle Bürger einen Anteil bekommen, beispielsweise halten wir die Grundsteuer und die Gewerbesteuer niedrig. Es gibt auch sonst noch kleine Vergünstigungen, wie kostenlose Freibadkarten für die Kinder.

SR: Herr König, für den Kohleausstieg stehen 40 Milliarden Euro für den Strukturwandel zur Verfügung. Gibt es für die Kernkraftkommunen auch Unterstützung?

WK: Als ausgebildetem Planer ist mir natürlich die große Bedeutung der Regionalentwicklung für die Gestaltung dieses Strukturwandels bewusst. Im Gesetz ist vorgesehen, dass die Kommunen, die die Folgelasten zu tragen haben, also die Abfälle, die insbesondere im hochradioaktiven Bereich noch eine ungelöste Frage darstellen, finanziell unterstützt werden. Das betrifft aber zukünftige Anlagen beziehungsweise eben die Entsorgungsanlagen. Hier sollen mit regionalen Entwicklungskonzepten Kompetenzen und Perspektiven aufgebaut werden. Im Hinblick auf den Strukturwandel, der durch die Abschaltung von Kernkraftwerken ausgelöst wird, sind mir derartige Programme der Bundesregierung nicht bekannt.

Das ist primär eine Aufgabe der Länder und es spielt natürlich eine Rolle, dass die meist kleinen Kommunen durch die Kraftwerke einen großen finanziellen Vorteil hatten und Vorsorge treffen konnten.

## Rückbau ist nicht die alleinige Option

SR: Tim Edler, bei den Rückbaumaßnahmen fallen je Kraftwerk etwa 150.000 Tonnen an Bauschutt an. Ist das noch zeitgemäß, eine so gigantische Masse an grauer Energie zu entsorgen?

TE: Mir ist diese Frage zu technisch. Es ist doch gar nicht klar, ob es sich überhaupt um Altlasten handelt und nicht viel mehr um Potenziale, die hier über lange Zeit gewachsen sind. Gerade bei den Kernkraftwerken wie auch bei vielen Kohlekraftwerken kam es zu einem Extrem: Relativ kleine Gemeinden wurden mit einem riesigen Kraftwerk gekoppelt und das führte zu einer Neuprägung dieser Orte mit überregionaler Strahlkraft. Das Kraftwerk wurde über lange Zeit zu einem identitätsbildenden Element – teils positiv, teils kritisch. Da sollte man erstmal innehalten, bevor man die neue Situation als eine rein technische „Wegräumarbeit" betrachtet, und darüber nachdenken, ob man diese starke Identität in irgendeiner Form verändern oder weiternutzen kann.

SR: Wie könnte es gelingen, eine solche Perspektive einzunehmen?

TE: Ein größerer Abstand und weniger Emotionen würden helfen. Energiethemen waren und sind auch heute wieder hoch emotionalisiert. Allein die heftigen Diskussionen über die Aufstellung von Windkraftanlagen zeigen, dass sich hier Schemata wiederholen. Die gesamte Geschichte der energetischen Nutzung müsste viel stärker als gesellschaftlicher und kultureller Prozess verstanden werden. Man muss auch unbedingt damit aufhören, ganze Regionen, die mit auslaufenden Technologien verknüpft sind, als Verlierer zu stigmatisieren. Ich bin mir nicht ganz sicher, aber wenn man diese Ablöseprozesse breiter aufstellt und als kulturellen, gesellschaftlichen Prozess begreift, dann könnte das gerade bei den Kernkraftwerken mit ihrer epochalen Ästhetik dazu führen, dass man das Alte weniger als eine Last begreift.

SR: Herr Wulff, Sie kennen und vertreten die Seite der Betreiber als Referent für Regional Public Affairs der Vattenfall Europe Group in Krümmel. Wie hat die Gesellschaft ihre Sicht auf die Kernkraft verändert?

KW: Ich bin in Geesthacht aufgewachsen und habe 2010 nach meinem Studium in Kiel angefangen, im Kernkraftwerk Krümmel als Ingenieur zu arbeiten. Also ungefähr zu der Zeit, als die Aktions- und Menschenkette von Brunsbüttel bis Krümmel gebildet wurde. Die Situation war aufgeladen, unter anderem wegen des Trafobrandes 2007 in Krümmel, der zwar in Bezug auf den Reaktor nicht sicherheitsrelevant war, aber medienwirksam durch die Welt ging. Ich saß dann eben auf der anderen Seite des Zauns, als demonstriert wurde, und war erschüttert, mit welcher Aggression uns gegenüber aufgetreten wurde. Erst da habe ich begriffen, wie verhärtet die Situation war. Man konnte zwar durch die Reihen gehen und sich outen, dass man von Vattenfall ist, und man kam auch ins Gespräch. Meist ging es um technische Aspekte, aber man konnte nicht sachlich diskutieren, weil die Gespräche sehr emotional geführt wurden. Die Technik bildete zwar den Rahmen der Kritik, aber wissenschaftlich klaffte da eine ganz große Lücke. Man konnte aber nicht durchdringen, da stieß Beton auf Beton. Aus meiner Sicht ging es da weniger um Technikfragen als um einen tieferliegenden gesellschaftlichen Konflikt. Diese Erfahrungen haben mich später dazu bewogen, in die Konzernkommunikation zu wechseln.

SR: Könnten die Anlagenteile eigentlich für eine andere energetische oder industrielle Nutzung eingesetzt werden?

KW: Leider nein, alle Kraftwerke sind Unikate. Deshalb sind eine Nachnutzung oder ein Technologietransfer ausgeschlossen. Die Turbine ist beispielsweise exakt auf den Druckbehälter und den Dampfdruck abgestimmt, der dort erzeugt wird, sodass ein alternativer Einsatz nicht möglich ist. Das gilt besonders für Krümmel, denn das Kraftwerk war bis zum Ende des Betriebs der weltgrößte Siedewasserreaktor.

SR: Und wie sieht es mit den Gebäuden aus, könnten die nachgenutzt werden?

KW: Im Prinzip ist das möglich. Würgassen war auch ein Standort mit Siedewasserreaktor. Dort ist der Rückbau schon weit fortgeschritten und die kerntechnischen Einbauten sind entfernt. Würgassen ist ein wunderbares Beispiel dafür, wie ein Kraftwerk von innen aussieht, wenn alle Kontaminationen abgetragen, abgemeißelt und die Gebäudehülle letztlich freigemessen werden kann. Wenn sie dort hineingehen, werden sie keine glatten Oberflächen mehr sehen. Es ist daher eher sinnvoll die verbleibende Gebäudestruktur konventionell rückzubauen, da das Material nicht in Lagerstätten für radioaktive Materialien deponiert werden muss.

SR: Herr König, warum ist dann trotzdem geplant, alle Kernkraftwerke auf die grüne Wiese zurückzubauen?

WK: Der kulturelle Zugang, der schon angesprochen wurde, ist entscheidend. Ich glaube, wir tun gut daran, dass wir solche Orte nicht einfach zurückbauen und die grüne Wiese zum alleinigen Ziel haben. Man sollte schauen, welche Form der Nachnutzung regionalpolitisch andere Perspektiven bieten kann und auch wirklich möglich ist. Bei Krümmel geht es beispielsweise nicht nur um die Nutzung der Kernkraft, sondern auch um die besondere Historie des Standortes als erstes Dynamitwerk von Alfred Nobel außerhalb Schwedens. Und – vergleichbar der Kernenergie – um den Einsatz von Sprengstoff im zivilen wie im militärischen Bereich. Nach 1945 ging es daher dort schon einmal um die Frage einer Folgenutzung. Auf dem Nachbargrundstück wurde zur Kerntechnik geforscht. Daraus folgte letztlich die Entscheidung für den Standort eines neuen Kernkraftwerks.

SR: Was können wir von solchen historischen Bezügen lernen?

WK: Solche größeren Bezüge können in der heutigen Situation helfen, denn das Kapitel für den Ausstieg aus dieser Technologie ist noch lange nicht zu Ende geschrieben. Es wird noch Jahrzehnte dauern, bis wir in Deutschland eine Lösung für die Endlagerung gefunden haben, und bis dahin werden die Zwischenlager mit hochradioaktiven Abfällen an den Kraftwerksstandorten vermutlich bestehen bleiben. Das betrifft derzeit 16 Standorte – und die werden ein Spannungsfeld bleiben, in dem die Endlagerung wie auch eine sinnvolle Nachnutzung als offene Fragen im Raum stehen. Gerade deshalb müssen wir die Polarisierung überwinden und das vorhandene Know-how zusammenführen. Dafür braucht es eine gesellschaftliche Einbindung in Form von Beteiligungsprozessen, wie sie zum Beispiel bei der Standortsuche im Endlagerbereich einmalig geführt wird.

### Unbequeme Denkmale

SR: Herr Bastgen, wie nähert sich die Denkmalpflege der Frage, ob ein Industriebauwerk denkmalwürdig ist?

MB: Die Denkmaltheorie ist hier in einer glücklichen Situation, denn die Frage nach dem Denkmalwert eines Bauwerks stellt sich immer losgelöst von dessen Nachnutzung. Die institutionelle Denkmalpflege verfolgt eine zweigleisige Inventarisierung. Grundsätzlich muss für ein Denkmal ein öffentliches Erhaltungsinteresse vorliegen. Dazu muss es zunächst denkmalfähig sein, wofür in den Landesdenkmalgesetzen klare Kriterien festgeschrieben sind. In der Regel ist dies eine geschichtliche, künstlerische, technische, städtebauliche oder wissenschaftliche Bedeutung. Schon allein der geschichtliche Aspekt ist bei einem Kraftwerk wie Brokdorf so ausgeprägt, dass man es als denkmalfähig einstufen könnte. Im zweiten Schritt geht es um die Denkmalwürdigkeit, die beispielsweise von der Seltenheit definiert wird – und in dem Moment, in dem das letzte Kernkraftwerk abgeschaltet und der Rückbau eingeleitet wird, ist auch dieser Aspekt zweifelsfrei gewährleistet.

SR: Also sind alle Kernkraftwerke im Prinzip Denkmale?

MB: Nein, so einfach ist das nicht. Beim Akt der Unterschutzstellung fragt ein Denkmalpfleger auch nach Integrität, Originalität und Authentizität – und hier wird es problematisch, denn für den Kontrollbereich, also den kontaminierten Bereich eines Kernkraftwerks, in dem sich die kerntechnische Anlage befindet, besteht ein Rückbaugebot. Das heißt, gerade der spezifische, originäre Teil eines Kernkraftwerks wird entfernt. Andere, nicht kontaminierte Anlagenteile wie das Turbinenhaus oder den Kühlturm gibt es ja auch bei vielen anderen Wärmekraftwerken. Bei einer Konferenz von ICOMOS wurden in einem Vortrag Bilder von komplett entkernten Reaktorgebäuden gezeigt, da stand mitten im Vortrag ein bekannter Technikhistoriker auf und sagte: „Wir haben jetzt ein Denkmal ohne Denkmalwert!". Für ihn war völlig klar, dass diese leergeräumte Halle oder besser Kuppeldom ohne diese technischen Komponenten kein Denkmal mehr war.

SR: Das bedeutet, die Denkmalfrage stellt sich bei Kernkraftwerken gar nicht?

MB: Ich persönlich sehe das differenzierter. Das Reaktorgebäude selbst ist ja nur ein kleiner Teil der gesamten Anlage. Und gerade die Außenwirkung der Kuppel eines Druckwasserreaktors mit Kühlturm und Schornstein – wie in Brokdorf – wurde zum Emblem der Anti-Atomkraftbewegung, selbst bei Demonstrationen in Krümmel oder Brunsbüttel, wo es gar keinen kuppelförmigen Reaktor gibt, weil es sich dort um Siedewasserreaktoren handelt. Ebenfalls in Brokdorf gibt es

Blick in die Ausstellung „Nach der Kernkraft", Universität Kassel
Foto: Nils Stoya

diese Zaunanlage mit Wassergraben, die diesen heftigen, gesellschaftlichen Konflikt baulich manifestiert. Das ist ein Ort der Erinnerung für die Demonstrationen und den Dissens, der nun letztlich zu dem konsensualen Atomausstieg geführt hat, vor dem wir nun stehen. Es gibt also eine Vielzahl an konstitutionellen und baulichen Elementen, an denen wir doch sehr viel Geschichte ablesen können, auch wenn wir die kernkraftspezifischen, technischen Komponenten verlieren werden.

SR: Tim Edler, für die Endlagerung der Abfälle werden bis zu einer Million Jahre veranschlagt, die Ursachen dafür – die Kernkraftwerke – sollen aber binnen zwei bis drei Generationen komplett verschwunden sein. Wäre es nicht merkwürdig, wenn es gar keine Zeitzeugen der friedlichen Nutzung der Kernkraft mehr gäbe?

TE: Es ist bekannt, dass das Thema verschiedene Zeitebenen hat, aber dafür fehlt mir die Fantasie. Ich meine,100 Jahre, da kann man sich noch etwas ausmalen, aber schon 500 Jahre liegen weit außerhalb meiner Vorstellung. Gesetzt den Fall, es gäbe die Menschheit noch in einer Million Jahren und der Pflegeauftrag aus dieser Technologie bestünde fort, dann wäre das schon eine sehr bittere Lehre, die aus der Vergangenheit kommt. Man würde sicher länger nachdenken, bevor man sowas noch einmal macht.

SR: Herr Bastgen, gibt es eigentlich Vorbilder für die Umnutzung von unbequemen Denkmalen?

MB: Das unbequeme Denkmal ist ein Begriff, der in den 90ern von Norbert Huse geprägt wurde. Es ging damals vor allen Dingen um NS-Bauten, das kann man sich heute gar nicht mehr vorstellen, aber auch um Industriebauten beispielsweise der Montanindustrie im Ruhrgebiet. Es galt als unbequem, ein teures, kaum mehr nutzbares Gebäude zu erhalten. Das hat sich erst geändert, als sich mit der IBA Emscher Park das Montanerbe als Identifikationsfigur des Ruhrgebiets heraus-

gebildet hat. Das Beispiel zeigt aber, dass ein Bewusstseins-
wandel möglich ist. Kernkraftwerke sind definitiv und auf
mehreren Ebenen unbequeme Denkmale: sie sind ideologisch
aufgeladen, es fallen hohe Kosten an und sie sind auch noch
stark kontaminiert. Aber die Dekontamination wird ja ohnehin
vorgenommen. Erst anschließend werden die Gebäude freigemessen und ein konventioneller Rückbau beginnt. Das bringt
Zeit für kontroverse wie auch unerwartete Diskussionen. Ich
habe mich am Rande einmal damit befasst – es gibt sowohl
bei den Befürwortern der Kernenergie wie auch bei den Atom-
kraftgegnern Menschen, die sich für oder gegen den Erhalt
aussprechen, sei es nun als Mahnmal, als Museum oder was
man sich sonst noch alles vorstellen kann. Das heißt, es ist
nochmal eine völlige Neuordnung innerhalb der Konflikt-
parteien zu erwarten, wenn über die Frage des Erhalts
debattiert wird.

### Zwischenlösung Zwischenlager

SR: Die Zwischenlager, die an den meisten Standorten einge-
richtet wurden, machen eine Entwicklung – egal in welche
Richtung – ohnehin gerade unmöglich. Frau Göttsche und
Herr Wulff, wie ist ihre Haltung zu dem Thema?

EG: Das Zwischenlager in Brokdorf hat eine Genehmigung bis
2047, aber man geht davon aus, dass die Genehmigungen
verlängert werden müssen, weil bis dahin noch kein Endlager
zur Verfügung stehen wird. Geplant ist, dass das BASE bis
2031 einen Standort vorschlagen und dass dann frühestens
ab 2050 ein Endlager zur Verfügung stehen wird. Ich sehe das
als sehr sportlich an, wünsche mir aber sehr, auch für die
Gemeinde Brokdorf, dass irgendwann in absehbarer Zeit das
Zwischenlager geräumt werden kann. Für uns ist es sehr
wichtig, dass diese Zwischenlager keine Endlager werden.

KW: Die Zwischenlagerung ist ja nicht mehr in unserem Beritt
und liegt seit 2019 in der Zuständigkeit der BGZ, der Gesellschaft für Zwischenlagerung. Wir hoffen natürlich, dass die

Castoren 2046, wenn die Genehmigung ausläuft, auch abtransportiert werden. Olaf Schulze, der Bürgermeister von Geesthacht, drängt wie Frau Göttsche darauf und meint: „Das wird hier doch wohl hoffentlich nicht das Endlager werden!". Mit dem Zwischenlager haben wir ansonsten nichts zu tun – es steht zwar auf dem Kraftwerksgelände, ist aber räumlich und technisch völlig autark. Hinzu kommt, dass noch ein Lager für schwach- und mittelradioaktive Abfälle gebaut wird, die beim Rückbau anfallen.

SR: Herr König, ist das BASE auch bei den Zwischenlagern involviert?

WK: Ja, ich bin auch zuständig für die Zwischenlagergenehmigungen und kann die Sorgen verstehen und einordnen. Zwischenlager können gar keine Endlager werden, weil sie sicherheitstechnisch nicht dafür ausgelegt sind. Wir können mit ihnen lediglich einen gewissen Zeitraum überbrücken. Die Sicherheit, die wir aber für den sehr langen Zeitraum der Endlagerung brauchen, die kann gar nicht durch technische Bauwerke erreicht werden – nicht durch Stacheldraht und nicht durch Wachmannschaften. Das Ziel ist daher, ein Endlager in tiefengeologischen Schichten zu finden, das ausreichend robust ist und nach geowissenschaftlichen Erkenntnissen – mit dem Blick zurück in die Vergangenheit – auch für die kommenden eine Million Jahre Robustheit gewährt. Selbst wenn klimatische Einflüsse sich verändern oder andere Nutzungen darüber hinweggehen. Am Ende, wenn das Endlager gefüllt ist, soll es so verschlossen werden, dass man es nicht mehr monitoren muss. Es ist also gerade nicht geplant, über eine Million Jahre hinweg den Staffelstab von einer an die nächste Generation weiterzugeben, weil sich jeder vorstellen kann, dass das Wissen in unserer Gesellschaft innerhalb kürzester Zeit verloren sein wird, wenn mit der Kernkraft und ihren Abfällen kein ökonomisches Interesse mehr verbunden sein wird.

SR: Werden künftige Generation dann gar keine Kenntnis

mehr davon haben, dass es ein Endlager mit radioaktiven Abfällen gibt?

WK: Natürlich, aber auch das ist eine komplexe, noch nicht gelöste Frage: Wie dokumentieren wir diesen Ort und die eingelagerten Abfälle so, dass andere Generationen bei neuen Erkenntnissen zu Sicherheitsfragen oder auch bei konkretem Nutzungsbedarf die Stoffe wieder herausholen könnten? Es sind also enorme Fragestellungen, die sich mit der in die Zukunft gerichteten Dokumentation verbinden, die erst noch der Forschung zugänglich gemacht werden müssen.

SR: Was bedeutet das aber für die Zwischenlager – für die ungewisse Zeit bis zu der Lösung, die Sie skizziert haben?

WK: Es ist aus meiner Sicht sinnvoll, dass die Abfälle zunächst an den Orten verbleiben, an denen sie entstanden sind. Diese Orte bleiben dadurch Kristallisationskerne der öffentlichen Diskussion und es bleibt sichergestellt, dass sich die Politik weiterhin ihrer Verantwortung stellt und sich um die sichere Entsorgung kümmert – und sich gemeinsam mit den Betroffenen auf den Weg macht, um diese Frage sehr zügig zu lösen.

### Konkrete Utopie

SR: Zuletzt eine offene Frage in die Runde: Was ist ihre persönliche, konkrete Utopie für die Nachnutzung eines Kernkraftwerks?

MB: Ich würde mich über eine museale Nachnutzung freuen, zumindest an einem Standort. Dem Problem, dass das Reaktorgebäude entkernt ist und der Prozess der Energieproduktion nicht mehr nachvollzogen werden kann, könnte man heute mit Technologie der Augmented Reality begegnen. Sämtliche Räume und Wege könnten digital modelliert werden und selbst der Reaktorkern, der unter realen Bedingungen nicht begehbar ist, könnte virtuell besucht werden.

EG: Die Kernkraft wird uns ja über die Zwischenlager noch eine Zeit erhalten bleiben, da wird man Fachpersonal brauchen. Von daher könnten die Werkstätten und Betriebsräume am Standort Brokdorf weitergenutzt werden, um Fachkräfte und Lehrlinge auszubilden. Das alte Infogebäude würde ich gerne für ein Energiemuseum nutzen. Dort könnten nicht nur die Kernkraft, sondern auch andere Energieformen präsentiert werden. Auf dem Gelände, wo jetzt das Reaktorgebäude und das Maschinenhaus stehen, könnte ich mir wieder eine technologische Nutzung vorstellen. Wir werden für die erneuerbaren Energien Speicherkapazitäten brauchen und die Infrastruktur dafür ist ja vorhanden: vielleicht könnte daraus etwas Neues entstehen.

KW: Mir liegt natürlich Krümmel besonders am Herzen mit seiner doppelten explosiven Vergangenheit – mit der Geschichte Nobels und der gesellschaftlichen Sprengkraft durch die Kernkraft. Da in nächster Nachbarschaft ein Forschungszentrum steht, an dem viel mit Wasserstoff experimentiert wird, wird von städtischer Seite viel auf dieses Thema gesetzt. Es gibt die Netzanbindung und eine große Schaltanlage, an der schon heute viele Überlandleitungen mit Windenergie eintreffen und weiterverteilt werden. Die Weiternutzung als Energiestandort bietet sich also an. Ob diese Idee aber auch noch in 30 Jahren trägt, hängt von der Entwicklung der Technologien zur Energiegewinnung ab.

TE: Wir hatten uns vor einiger Zeit mit der Endnutzung von thermischen Großanlagen beschäftigt, insbesondere mit den Kühltürmen. Daraus entstand die Idee, die Kühltürme große Dampfringe über Deutschland blasen zu lassen – sozusagen eine Art Abschiedsperformance. Kühltürme haben einfach einen umwerfenden, ästhetischen Ausdruck. Ich würde diese Bauwerke auf alle Fälle erhalten, schon wegen der Fernwirkung. Grundsätzlich ist es schwierig, dass die Verantwortung komplett bei den Kommunen liegt. Die werden dadurch regelrecht zu einer pragmatischen Vorgehensweise gezwungen. Dabei handelt es sich schon um eine Form von

Gedenkorten oder Sonderorten. Mir kommt immer die Raketenstation Hombroich bei Neuss in den Sinn – das ist eine ehemalige militärische Anlage. Die schroffen, schwer vermittelbaren Anlagenteile sind dort in eine Landschaft eingebettet, in der auch neue Gebäude stehen, in denen Kunst gezeigt wird. Man müsste sich also Mut borgen und die Standorte mit einer gewissen Gelassenheit behandeln und einfach liegen lassen, ohne sofort wieder zu entwickeln.

SR: Herr König, last not least!

WK: Ich finde wichtig, dass die Debatte über die Nachnutzung frühzeitig begonnen wird. Die Zukunftsperspektiven sollten aus meiner Sicht aus der Region heraus entstehen. Ideenwerkstätten wären ein gutes Format, um die negativ besetzte Diskussion über die Lasten mit einer anderen Perspektive zu versehen und neue Möglichkeiten herauszuarbeiten. Wir müssen aber im Blick behalten, dass die Kraftwerke im Eigentum und auch in der Rückbauverantwortung der Kraftwerksbetreiber stehen – nicht in kommunaler oder Bundeshand. Das heißt, hier wird es Kapitalinteressen geben, die bei jeder Folgenutzung eine Rolle spielen werden. Und ich finde es auch wünschenswert, dass mindestens ein Standort als geschichtlicher Ort erhalten bleibt, an dem die Transformationsaufgaben, die vor uns stehen, direkt oder indirekt nachvollzogen werden können. Wir tun gut daran, aus den Folgen zu lernen, die wir anderen Generationen hinterlassen – egal wie wir zu der Technik gestanden haben. Das Zweite, das an einem solchen Ort verhandelt werden sollte, ist die Kehrseite der Medaille: die atomare Bewaffnung, die leider etwas aus dem Blick geraten ist, die uns aber immer wieder begleiten wird, wenn es um diese Technologie geht. Es sollte also auch die militärische Nutzung, die Friedensthematik und letztlich die Gesamtverantwortung verhandelt werden, die in der Nutzung der Kernkraft angelegt ist – das wäre mein Wunsch.

Das Gespräch wurde am 13. Juli 2021 anlässlich der Vernissage der Ausstellung „Nach der Kernkraft – Konversionen des Atomzeitalters" in Kassel geführt.

# Kernkraft –
# Gestern Heute Morgen

# Kernenergie weltweit

Die friedliche Nutzung von Kernenergie ist ein weltweites Phänomen. Aktuell kommt sie in 31 Ländern zum Einsatz. Weitere 19 Länder planen Kernkraftwerke oder haben dies in der Vergangenheit erwogen. Von 441 Kernkraftwerken in Betrieb befinden sich 94 in den USA, 56 in Frankreich, 33 in Japan und 38 in Russland – damit konzentriert sich die Hälfte des weltweiten Bestands in diesen vier Ländern. Während die Großmächte USA, Russland und China ihren Bestand an Kernkraftwerken weiter ausbauen, bietet Europa ein heterogenes Bild. Österreich, Italien, Deutschland, Belgien und die Schweiz haben den Atomausstieg schon vollzogen oder sind gerade dabei.

Dagegen planen beispielsweise Großbritannien, Polen oder Tschechien neue Anlagen. Andere europäische Staaten wie Frankreich bauen zwar nicht aus, setzen aber weiterhin auf ihren Bestand. Auf dem afrikanischen Kontinent wird so gut wie keine Kernenergie genutzt. Ausnahmen sind Südafrika, das über ein Kraftwerk verfügt, und Ägypten, das den Einsatz von Kernenergie plant. Der einzige Kontinent ohne Nutzung von Kernenergie ist Australien.

Grafik und Text
► Gerhard Flasche und Ayla Kutas
(Universität Kassel)

Quellen
► Dehmer, D. (2016): Die gefährlichsten Akws in Europa. Der Tagesspiegel, 11.03.2016, www.tagesspiegel.de (24.07.2022)
► International Atomic Energy Agency (2020): Power Reactor Information System (PRIS), in: INFORUM Verlags- und Verwaltungsgesellschaft mbH, Kernkraftwerke in Europa und weltweit, Berlin, www.kernd.de (24.07.2022)
► Nuklearforum Schweiz (2021): Kernkraftwerke der Welt 2021, Olten, cms.nuklearforum.ch (24.07.2022)
► China General Nuclear Power Corporation (2022): Global Projects, en.cgnpc.com.cn/encgn

# Energieproduktion in Deutschland und der Welt

Die globale Energieproduktion ist vor dem Hintergrund des Klimawandels ein zentrales Politikfeld. Unterschieden wird dabei zwischen konventioneller und erneuerbarer Energie. Obwohl viele Staaten die Produktion erneuerbarer Energien heute subventionieren, um deren Anteil am Energiemix zu steigern und eine Energiewende einzuleiten, die es uns ermöglicht, dauerhaft auf fossile Energieträger zu verzichten, sieht die Realität anders aus: weltweit liegt der Schwerpunkt mit 88,2 Prozent noch immer auf konventioneller Energiegewinnung. Die primären Energieträger sind dabei Erdöl (30,9 Prozent), Kohle/Torf (26,8 Prozent) und Erdgas (23,2 Prozent). Mit 5 Prozent ist der Anteil der Kernkraft eher gering. Im Vergleich dazu ist die Energiewende in Deutschland weit vorangeschritten. Der wachsende Anteil erneuerbarer Energien beträgt hier bereits 45,8 Prozent. Braunkohle ist mit 20,2 Prozent der am stärksten genutzte konventionelle Energieträger. Kernenergie liegt mit 13,3 Prozent nur an dritter Stelle und produziert damit schon heute 9,8 Prozent weniger an Energie als die Windkraft, die mit ihren On- und Offshore-Anlagen den größten Teil der erneuerbaren Energieproduktion ausmacht.

Grafik und Text
► Gerhard Flasche und Ayla Kutas
(Universität Kassel)

Quellen
► Statista (2019): Verteilung der weltweiten Energieerzeugung nach Energieträger im Jahr 2019, www.statista.com (24.07.2022)
► Fraunhofer ISE (Hg.) (2022): Nettostromerzeugung in Deutschland 2021: Erneuerbare Energien witterungsbedingt schwächer, Kreisdiagramm 2021, www.ise.fraunhofer.de (24.07.2022)

# Globale Energieproduktion

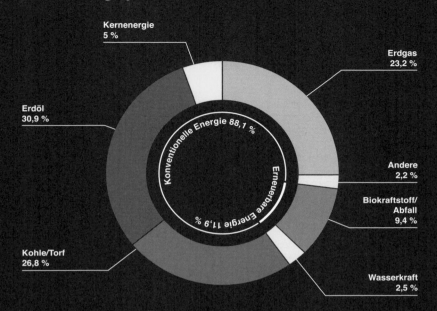

Kernenergie
5 %

Erdgas
23,2 %

Erdöl
30,9 %

Konventionelle Energie 88,1 %

Erneuerbare Energie 11,9 %

Andere
2,2 %

Biokraftstoff/
Abfall
9,4 %

Kohle/Torf
26,8 %

Wasserkraft
2,5 %

# Nationale Energieproduktion

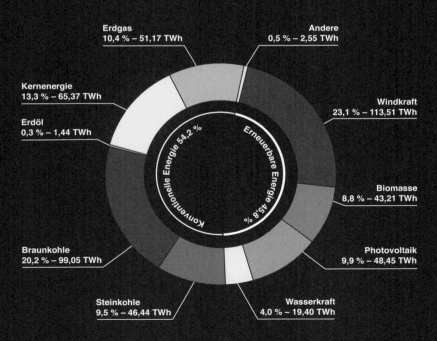

Erdgas
10,4 % – 51,17 TWh

Andere
0,5 % – 2,55 TWh

Kernenergie
13,3 % – 65,37 TWh

Windkraft
23,1 % – 113,51 TWh

Erdöl
0,3 % – 1,44 TWh

Konventionelle Energie 54,2 %

Erneuerbare Energie 45,8 %

Biomasse
8,8 % – 43,21 TWh

Braunkohle
20,2 % – 99,05 TWh

Photovoltaik
9,9 % – 48,45 TWh

Steinkohle
9,5 % – 46,44 TWh

Wasserkraft
4,0 % – 19,40 TWh

# Geschichte der Kernkraft

Die Geschichte der Kernenergie geht zurück auf Henri Becquerel, der Radioaktivität im Jahr 1896 entdeckte. In der Folge wurden die Kernspaltung und das enorme energetische Potenzial radioaktiver Elemente entdeckt. Wie so oft bei der Entwicklung neuer Technologien stand aber nicht die zivile, sondern die militärische Nutzung im Vordergrund. Im Rahmen des von Roosevelt und Churchill initiierten Manhattan-Projekts gelang dem Italiener Fermi die erste atomare Kettenreaktion, als Grundvoraussetzung für die Atombomben, die 1945 in Hiroshima und Nagasaki zum Einsatz kamen. Die verheerenden Zerstörungen und ihre abschreckende Wirkung führten unmittelbar danach zum Kalten Krieg und zu einem Wettrüsten der Supermächte, das erst mit dem INF-Abrüstungsvertrag von 1987 beendet wurde.

Die militärische Forschung ermöglichte aber auch eine zivile Nutzung. Wiederum war es Fermi, der den Experimental Breeder Reactor I (EBR-I) mitentwickelte – ein Versuchsreaktor, der 1951 den ersten Strom aus Kernenergie produzierte.

Zehn Jahre später wurde auch in Deutschland mit dem Versuchsreaktor in Kahl der erste Atomstrom in das Energienetz eingespeist. Technikgläubigkeit und das Potenzial für preiswerten Strom führten in der Folge zum Bau von mehr als zwanzig Kernkraftwerksanlagen in Deutschland, aber auch zu Protesten und Ängsten in der Zivilbevölkerung. Mit der Havarie von Tschernobyl im Jahr 1986 kam es zu einer Veränderung des politischen Bewusstseins und 2002 schließlich zum Beschluss des ersten Atomausstiegs, der später revidiert wurde. Erst mit dem Atom-Moratorium von 2011 im Zuge der Havarien in Fukushima wurde der Atomausstieg in Deutschland endgültig vollzogen.

Einzelne Textpassagen der folgenden Grafik stammen von der INFORUM Verlags- und Verwaltungsgesellschaft mbH.

Grafik
▶ Stefan Rettich und Janke Rentrop nach Daniel Christen (Universität Kassel)
Text
▶ Daniel Christen (Universität Kassel)

Quellen
▶ INFORUM Verlags- und Verwaltungsgesellschaft mbH (2019): Geschichte der Kernenergie, www.kernd.de/kernd/Politik-und-Gesellschaft (24.07.2022)
▶ Eigene Recherchen

# Militärische Entwicklung

# Zivile Entwicklung

## 1896

Antoine Henri Becquerel entdeckt die Radioaktivität

## 1898

Marie und Pierre Curie entdecken den Zerfall von Radium in andere Elemente, wobei ionisierende Strahlung abgegeben wird

Foto: Paul Nadar

**1900**

Foto: Fotograf/Fotografin unbekannt

Foto: Imago

## 1938

Otto Hahn und Fritz Straßmann gelingt der Nachweis der Spaltung des Uranatoms

### 1940

Forscher in Deutschland und Großbritannien entdecken die Kernspaltung mit Kettenwirkung und warnen vor ihrem Potenzial, insbesondere bei der Spaltung von Uran-Isotopen

Foto: atomarchive.com

## 1942

Zusammenlegung der Forschungsteams der USA und Großbritanniens zur Erforschung einer Atombombe, später bekannt als „Manhattan-Projekt"

## 1942

Enrico Fermi konstruiert und baut mit seinem Mitarbeiterteam den ersten Versuchskernreaktor, und sie setzen die erste kontrollierte Kettenreaktion in Gang

## 1945

**Abwurf der Atombomben auf Hiroshima und Nagasaki**

Foto: Fotograf/
Fotografin unbekannt

Foto: George R. Caron

Foto: AFP

## 1951

Am 20. Dezember wird im US-Staat Idaho mit dem Versuchsreaktor EBR-1 zum ersten Mal Strom durch Kernenergie erzeugt

Foto: Argonne National Laboratory

## 1955

Gründung des Bundesministeriums für Atomfragen

## 1961

Am 30. Oktober wird in Russland mit der „Zar"-Bombe die größte Atombombe der Geschichte gezündet, die 4000-mal stärker als die Hiroshima-Bombe war

Foto: Rosatom

## 1961

Das Versuchskraftwerk Kahl (VAK) speist als erstes deutsches Kernkraftwerk Strom in das Verbundnetz ein

Foto: Sebastian Suchanek

**1975**

## 1979

**NATO-Doppelbeschluss:**
– Neuaufstellung von Raketen und
 Marschflugkörpern in Westeuropa
– Verhandlungen mit der UdSSR zur
 Begrenzung der Kurz- und Mittel-
 streckenraketen (INF)

Foto: United States Army

## 1979

Reaktorunfall auf Three
Mile Island bei Harrisburg
in den USA

Erkundungsbeginn des
Salzstocks Gorleben als
Endlager für hoch-
radioaktive Abfälle

Foto: United States
Department of Energy

## 1986

In Block 4 des Kernkraftwerks Tschernobyl ereignet
sich am 26. April der bislang größte Atomunfall bei
friedlicher Nutzung der Kernenergie

Foto: Picture Alliance/AP Photo/
Volodymir Repik

## 1987

Die USA und die Sowjetunion unterzeichnen
einen Abrüstungsvertrag für Kurz- und
Mittelstreckenraketen (INF)

Foto: White House
Photographic Office

Foto: Rob Bogaerts/ Anefo

**2000**

## 2002

**Der schrittweise Ausstieg aus der Kernenergie wird im Atomgesetz verankert**

Foto: Anne Lund

## 2010

**Neues Energiekonzept: Die Bundesregierung beschließt, die Laufzeiten der Kernkraftwerke um durchschnittlich 12 Jahre zu verlängern**

## 2011

Ein schweres Seebeben verursacht einen großen Atomunfall im Kernkraftwerk Fukushima-Daiichi in Japan, in dessen Folge bei drei der sechs Reaktorblöcke eine Kernschmelze einsetzt

Atom-Moratorium: Nach Überprüfung aller Kernkraftwerke werden acht Leistungsreaktoren dauerhaft stillgelegt

Beschluss des Bundestages zum Ausstieg aus der Kernenergie bis 2022

Foto: elespectador.com

## 2022

Für Ende 2022 war laut Atomgesetz die Abschaltung der letzten drei in Betrieb befindlichen Kernkraftwerke in Deutschland geplant. Im Zuge der Energiekrise wurde von Bundeskanzler Olaf Scholz der Streckbetrieb dieser Kraftwerke bis 15. April 2023 angeordnet.

## 2019

Die USA kündigen den 1987 beschlossenen INF-Abrüstungsvertrag mit Russland auf

# rotest und
# xekutive –
# otoessay

tos und Filme von den Anti-Atom-
aft-Protesten wirken heute wie
okumente aus einer anderen Zeit.
nd das liegt nicht nur an den Hippie-
isuren, der Mode, den Autos, den
ubschraubern oder den Menschen-
assen. Vielmehr ist die Unversöhn-
chkeit, mit der sich die beiden
arteien – Protest und Exekutive –
egenüberstehen, förmlich zu spüren.
er die unverrückbare Position des
aates: „Aber es ist doch nun mal be-
chlossen und wird umgesetzt, koste
s was es wolle!", dort die Chuzpe der
rotestierenden: „Aber nicht von uns,
ir sind dagegen und lassen uns das
cht bieten!". An keinem Ort trat
ese Frontstellung offener und härter
utage als in Brokdorf. Insbesondere
uf der Großdemonstration am 28.
ebruar 1981, die trotz zuvor erteiltem
ersammlungsverbot durchgeführt
urde und bei der es zu heftigen, ge-
alttätigen Auseinandersetzungen mit
ahlreichen Verletzungen kam, sowohl
ufseiten der Polizei als auch der
emonstranten.

Die juristischen Auseinandersetz-
ngen um das umstrittene Versamm-
ungsverbot führten 1985 zu einem
rundsatzbeschluss des Bundesver-
assungsgerichts – dem sogenannten
rokdorf-Beschluss. Mit ihm zeigt sich
ie zeitgeschichtliche und rechtswis-
enschaftliche Dimension der Ausein-
ndersetzung zwischen der staatli-
hen Exekutive und der Anti-Atom-
raftbewegung. Mit dem Brokdorf-
eschluss wurde dem tiefgreifenden
andel in der Nachkriegsgesellschaft
nd der Entstehung der Neuen Sozi-
len Bewegungen, beispielsweise der

Studentenb wegung, sowie deren An
spruch auf Mitbestimmung Rechnung
getragen. Friedliche Protestbewe-
gungen wurden damit in die Verfas-
sungsordnung aufgenommen, während gewaltbereite Gruppierungen davon ausgeschlossen wurden. Der Beschluss bildet letztlich auch die
Grundlage für die heutige Auffassung
dass eine Modernisierung der Gesellschaft nur mit aktiver Information,
Kommunikation und Beteiligung der
Bürger zu erreichen ist.

Bei einer Aktion zeigte sich die
Wirkung des Brokdorf-Beschlusses
besonders eindrücklich: Am 24. April
2010 formierte sich eine mehr als 120
Kilometer lange Menschenkette vom
Kraftwerk Krümmel über Hamburg bis
nach Brunsbüttel, ohne dass es zu ge
walttätigen Ausschreitungen kam. Un
auch der Protest der friedlichen Bewohner der „Republik Freies Wend-
land", einem ad hoc installierten Hüt-
tendorf auf dem Gelände des geplanten Endlagers Gorleben, das am 4.
Juni 1980 polizeilich geräumt wurde,
hat sich inzwischen bestätigt: Der
Salzstock Gorleben wurde 2020 bei
der Suche nach einem Endlager aufgrund von geologischen Kriterien aus
geschlossen. Der Protest war damals
vielleicht nicht rechtens, aber – wie
sich heute zeigt – richtig.

Die Fotos auf den folgenden Seite
stammen von Günter Zint. Er ist bekannt für seine Fotos aus dem Hamburger Star-Club, unter anderem von
den Beatles. Zint war aber auch Teil
der Anti-Atomkraftbewegung und
dokumentierte deren Aktivitäten.

Text
► Stefan Rettich
Fotos
► Günter Zint

Quellen
► Doering-Manteuffel, Anselm et al. (2015): Der
Brokdorf-Beschluss des Bundesverfassungs-

# Technologien – Stilllegung – Rückbau

# Kernkraftwerks-technologien

In Deutschland kommen mit Druck-wasserreaktor und Siedewasserreak-tor zwei Technologien zum Einsatz, die sich ähneln. Beide bestehen aus drei Anlageteilen: Dem Reaktorge-bäude, in dem über Kernspaltung Wasser erhitzt wird, dem Maschinen-haus, in dem in großen Turbinen der Wasserdampf verstromt wird, und der Kühlanlage, in der Regel ein Kühlturm, in der das zur Kühlung verwendete Flusswasser auf seine ursprüngliche Temperatur heruntergekühlt und dem Fluss wieder zugeführt wird. Dabei entsteht die charakteristische Wasser-dampfwolke, die von weitem sichtbar ist.

Die Technologie des Druckwasser-reaktors besteht aus drei Kreisläufen. Im Reaktorgebäude wird im ersten Kreislauf Wasser unter großem Druck auf Temperaturen weit über dem Siedepunkt erhitzt (Primärkreislauf). Mittels eines Wärmetauschers wird der zweite, separate Wärmekreislauf in Gang gesetzt (Sekundärkreislauf). Im abschließenden Kühlkreislauf wird das Wasser wieder heruntergekühlt (Kühlkreislauf). Der Vorteil dieser Technologie besteht darin, dass radio-aktive Kontamination auf den ersten, kleinen Primärkreislauf und den Reak-tordruckbehälter beschränkt bleibt. Druckwasserreaktoren weisen kuppel-förmige Reaktorgebäude auf, da diese dem Druck besser standhalten können.

Im Unterschied dazu entfällt beim Siedewasserreaktor der Sekundär-kreislauf. Der im Reaktordruckbehälter entstehende Wasserdampf wird un-mittelbar in einem Kreislauf in das Maschinenhaus weitergeleitet und dort verstromt (Primärkreislauf). Im davon getrennten Kühlkreislauf wird das Wasser wieder heruntergekühlt. Der Nachteil bei dieser Technologie ist, dass neben dem Reaktordruckbe-hälter auch alle Anlagenteile des Maschinenhauses radioaktiv konta-miniert werden, die mit dem Wasser-dampf des Primärkreislaufes in Ver-bindung kommen, zum Beispiel die Turbinen. Siedewasserreaktoren benö-tigen wegen des geringeren Drucks kein kuppelförmiges Reaktorgebäude. Sie sind daher oft nicht von herkömm-lichen Kraftwerksanlagen zu unter-scheiden.

Grafik und Text
▶ Jasmin Schwerdtfeger (Universität Kassel)
nach San Jose Niabot und Ben Mirwald
(Welt der Physik)

Quellen
▶ Eidemüller, D. und Wagner, H.-F. (2021): Wie
funktioniert ein Atomkraftwerk? Welt der Physik,
www.weltderphysik.de (24.07.2022)

# Aufbau eines Druckwasserreaktors

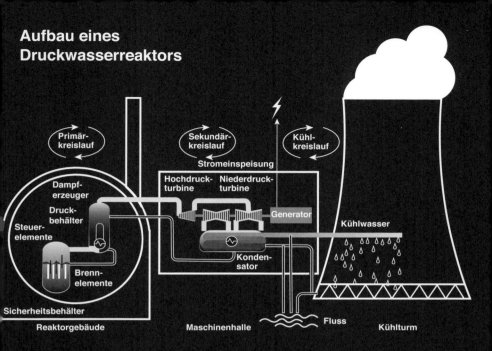

**Primär-kreislauf**

**Sekundär-kreislauf**

**Kühl-kreislauf**

Stromeinspeisung

Dampf-erzeuger

Druck-behälter

Hochdruck-turbine

Niederdruck-turbine

Generator

Steuer-elemente

Kühlwasser

Brenn-elemente

Konden-sator

Sicherheitsbehälter

Reaktorgebäude

Maschinenhalle

Fluss

Kühlturm

# Aufbau eines Siedewasserreaktors

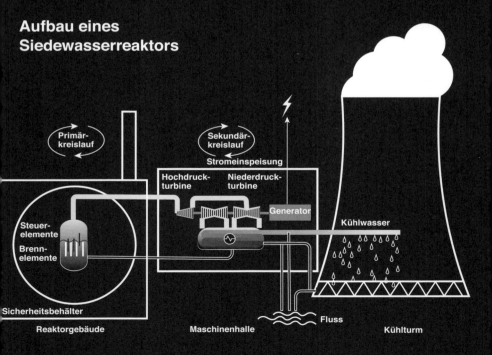

**Primär-kreislauf**

**Sekundär-kreislauf**

Stromeinspeisung

Hochdruck-turbine

Niederdruck-turbine

Generator

Steuer-elemente

Kühlwasser

Brenn-elemente

Sicherheitsbehälter

Reaktorgebäude

Maschinenhalle

Fluss

Kühlturm

# Zwischen- und Endlagerstätten

Bis heute steht in Deutschland kein betriebsbereites, genehmigtes Endlager für schwach- bis mittelradioaktive Abfälle zur Verfügung. Daher wurde es erforderlich, temporäre Zwischenlager an den Standorten selbst einzurichten, in denen auch stark radioaktives Material – wie die Brennstäbe – in sogenannten Castoren gelagert wird. Die Inbetriebnahme des Endlagers Schacht Konrad in Salzgitter (Niedersachsen) ist für das Jahr 2027 geplant. Die Suche nach einem Endlager für hochradioaktive Abfälle, dem sogenannten HAW-Endlager (High Active Waste) ist noch nicht abgeschlossen, ein Betrieb aber ab 2050 geplant. Daraus ergibt sich eine rechtliche Lücke, denn die Genehmigungen der temporären Zwischenlager an den Kernkraftwerksstandorten laufen im Durchschnitt um 2045 aus. Die temporären Zwischenlager bilden zudem ein zentrales Hemmnis bei der Transformation der Kraftwerksstandorte.

2014 wurde mit dem Bundesamt für die Sicherheit der nuklearen Entsorgung (BASE) eine zentrale Fachbehörde des Bundes gegründet. Das BASE ist für den sicheren Umgang der Hinterlassenschaften der Atomenergie zuständig und zeichnet auch verantwortlich für alle Regulierungs-, Genehmigungs- und Aufsichtsaufgaben im Bereich Endlagerung, Zwischenlagerung und des Transports von hochradioaktiven Abfällen. Dazu gehört auch die Suche nach einem Standort für eine Endlagerstätte, die 2031 abgeschlossen sein soll.

Nach jahrzehntelangen heftigen Protesten gegen den Standort Gorleben, die unter anderem von lokal ansässigen Bauern getragen wurden, hat das BASE 2017 eine wissenschaftlich fundierte Standortauswahl initiiert, dessen mehrstufiges Verfahren in einem eigenen Standortauswahlgesetz (StandAG) geregelt ist. Auf der Grundlage von Ausschlusskriterien wie Vulkanismus, seismische Aktivität oder geologisch aktive Störungszonen sowie weiterer geologischer Mindestanforderungen wurde zunächst das gesamte Bundesgebiet betrachtet. In dieser ersten Phase, die 2021 abgeschlossen wurde, konnten sogenannte Teilgebiete identifiziert werden, bei denen keines der Ausschlusskriterien vorliegt. Mehr als die Hälfte des Bundesgebietes befindet sich in diesen Teilregionen – der Salzstock Gorleben-Rambow in Niedersachsen allerdings nicht mehr, denn er wurde aufgrund der gesetzlich vorgeschriebenen geowissenschaftlichen Abwägungskriterien in diesem Prozess ausgeschlossen. 2050 soll das in weiteren Schritten sondierte Endlager dann betriebsbereit sein, in dem 1900 Behälter mit 27.000 Kubikmetern hochradioaktiver Abfälle für mindestens eine Million Jahre sicher gelagert werden müssen.

Grafik und Text
► Stefan Rettich und Janke Rentrop, Grafik nach Bundesgesellschaft für Endlagerung (2020): Zwischenbericht Teilgebiete gem. §13 StandAG, Abb. 1, S. 25

Quellen
► Bundesgesellschaft für Endlagerung mbH (2022): Endlager Konrad, www.bge.de/de/konrad/ (24.07.2022)
► Bundesamt für die Sicherheit der nuklearen Entsorgung (2022): Standortauswahlverfahren, www.base.bund.de (24.07.2022)
► StandAG (2017): Gesetz zur Suche und Auswahl eines Standortes für ein Endlager für hochradioaktive Abfälle, www.gesetze-im-intenetde/standag_2017/ (24.07.2022)

# Teilgebiete für eine mögliche Endlagerstätte

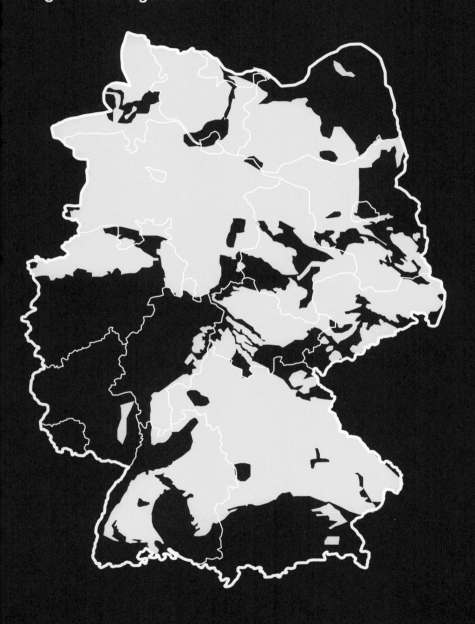

— Landesgrenzen ▢ Teilgebiete schematisch (keine Ausschlusskriterien vorliegend)

# Stillegungs-strategien

In Westdeutschland wurden einige Kraftwerke infolge von Havarien nach nur kurzer Laufzeit vom Netz genommen, in Ostdeutschland wurden alle drei Kernkraftwerke (Greifswald, Rheinsberg und Stendal) unmittelbar nach der Wiedervereinigung stillgelegt. Es gibt daher seit längerer Zeit Erfahrungen mit der Stilllegung und dem Rückbau von Kernkraftwerksanlagen. Dabei kommen zwei Strategien zum Einsatz: Der Sichere Einschluss, der nur selten ausgeführt wird, sowie der in der Regel angewandte Direkte Rückbau. Beim Sicheren Einschluss wird die Anlage zunächst gesichert und erst nach mehreren Dekaden mit dem Rückbau begonnen.

Man nutzt dabei den Vorteil, dass Radioaktivität mit der Zeit abklingt und daher weniger radioaktives Material zur Entsorgung ansteht, das nach dem Abklingen zudem einfacher abzubauen ist. Bevorzugt wird aber der Direkte Rückbau, insbesondere da hier das qualifizierte Personal und das vorhandene Know-how unmittelbar für den Rückbau eingesetzt werden kann und eine schnellere Nachnutzung möglich ist. Die höhere Radioaktivität wird dafür in Kauf genommen.

Grafik
▶ Stefan Rettich und Janke Rentrop nach Rina Gashi (Universität Kassel)
Text
▶ Rina Gashi (Universität Kassel)

Quellen
▶ Deutsches Atomforum e. V. (2013): Stilllegung und Rückbau von Kernkraftwerken, Berlin, S. 8–13, https://www.kernd.de (24.07.2022)

## Sicherer Einschluss

Abtransport der Brennelemente

Endgültige Ausserbetriebnahme

Brenne Freihei

| Betrieb | Nachbetriebsphase |
|---------|-------------------|

Jahre |——— 4–5 ———|

Beantragung Stilllegungs- und Abbaugenehmigung

Erteilung und Genehmigung

Jahre |

# Direkter Rückbau

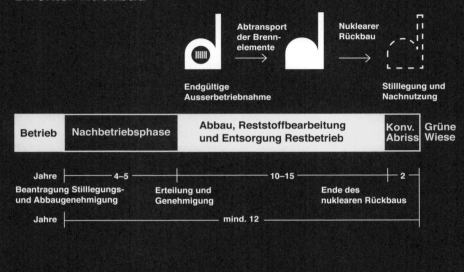

Abtransport der Brennelemente

Nuklearer Rückbau

Endgültige Ausserbetriebnahme

Stilllegung und Nachnutzung

| Betrieb | Nachbetriebsphase | Abbau, Reststoffbearbeitung und Entsorgung Restbetrieb | Konv. Abriss | Grüne Wiese |

Jahre ├──── 4–5 ────┤──────── 10–15 ────────┤── 2 ──┤

Beantragung Stilllegungs- und Abbaugenehmigung

Erteilung und Genehmigung

Ende des nuklearen Rückbaus

Jahre ├──────────────── mind. 12 ────────────────┤

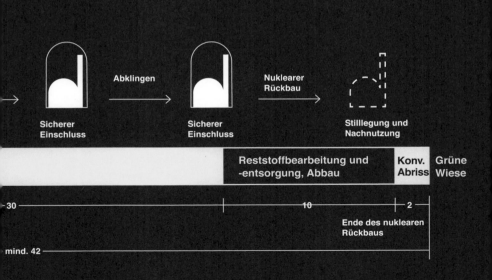

Abklingen

Nuklearer Rückbau

Sicherer Einschluss

Sicherer Einschluss

Stilllegung und Nachnutzung

| | Reststoffbearbeitung und -entsorgung, Abbau | Konv. Abriss | Grüne Wiese |

30 ──────────────────────────┤──────── 10 ────────┤── 2 ──┤

Ende des nuklearen Rückbaus

mind. 42 ───────────────────────────────────────────┤

# Rückbauphasen

Der Prozess beginnt mit der Entfernung der radioaktiven Elemente von innen nach außen und unterliegt einem strengen Genehmigungs- und Aufsichtsverfahren während der Stilllegung. Zuständig ist das Bundesamt für die Sicherheit der nuklearen Entsorgung (BASE) und entsprechende Behörden der Länder. Nach dem nuklearen Rückbau und der Freimessung endet der Prozess mit der Entlassung der Anlage aus dem Atomgesetz. Daran schließt sich eine konventionelle, nicht-nukleare Nachnutzung von verbliebenen Gebäuden oder deren Abriss auf die grüne Wiese an.

Die Grafik zeigt die Rückbauphasen am Beispiel des Kernkraftwerks Unterweser (KKU). Die textliche Beschreibung stammt vom Betreiber PreussenElektra GmbH.

Grafik und Text
▶ Pia Thois (Universität Kassel) nach PreussenElektra GmbH

Quellen
▶ PreussenElektra GmbH (Hg.) (o. J.): Kernkraftwerk Unterweser: Tätigkeitsschwerpunkte aktuell, Hannover, S. 1–7, www.preussenelektra.de (24.07.2022)

Phase 1
Beladen von Castoren mit Brennelementen bzw. einzelnen Brennstäben zur Überführung in das vorhandene Standortzwischenlager. Platz im Ringraum schaffen, um ein „Reststoffbehandlungszentrum", das heißt eine „Fabrik" mit verschiedenen Behandlungsstationen, aufzubauen. Hierzu werden die Komponenten in den vier Quadranten (Raumbereichen) im Ringraum gestaffelt entfernt.

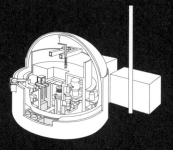

Phase 4
Demontage des Reaktordruckbehälters. Hierzu müssen zunächst Zerlegeeinrichtungen und Abschirmungen errichtetet werden.

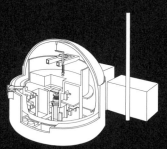

Phase 5
Demontage des biologischen Schilds.

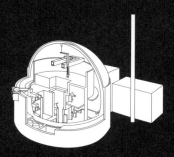

**Phase 2**
Demontage der Brennelemente-
lagergestelle plus Lademaschine.
Demontage der Reaktordruck-
behälter-Einbauten, die unter
Wasser ausgebaut, zerlegt und
verpackt werden.

**Phase 3**
Demontage der vier Dampferzeuger,
der Druckspeicher und der vier
Hauptkühlmittelpumpen.

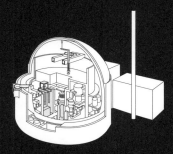

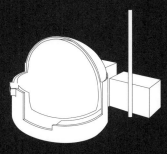

**Phase 7**
Überprüfung der Kontamination.
Im Anschluss daran werden alle
Gebäudeteile auf Kontamination
überprüft und gegebenenfalls
dekontaminiert. Dadurch sind die
Bedingungen für die Freigabe erfüllt
und das Kernkraftwerk wird aus der
atomrechtlichen Aufsicht entlassen.
Nun kann der konventionelle Abriss
erfolgen.

**Phase 6**
Demontage der Gebäudestruktur,
Raum für Raum.

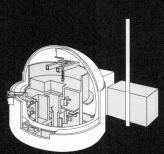

# Vor- und Nachteile der Stilllegungsstrategien

## Direkter Rückbau

| Vorteile  | Nachteile  |
|---|---|
| • Verfügbarkeit von Personal, das mit der Betriebshistorie vertraut ist | • Höhere Radioaktivität im Rückbauprozess |
| • Milderung sozialer und wirtschaftlicher Folgen für die Region | • Höhere Strahlenbelastung macht die Rückbauarbeiten technisch schwieriger |
| • Finanzierungssicherheit | |
| • Frühere Nachnutzungsmöglichkeiten | |

## Sicherer Einschluss

| Vorteile  | Nachteile  |
|---|---|
| • Radioaktivität klingt mit der Zeit ab | • Kenntnisse über die Anlage gehen mit der Zeit verloren |
| • Geringere Strahlenbelastung macht die Rückbauarbeiten technisch einfacher | • Messtechnischer Aufwand für die radiologische Bewertung nimmt mit der Zeit zu |
| | • Für Rückbau nach Sicherem Einschluss muss neues qualifiziertes Personal gefunden werden |

Grafik
▶ Stefan Rettich und Janke Rentrop nach Rina Gashi (Universität Kassel)

Quellen
▶ Gesellschaft für Anlagen- und Reaktorsicherheit (2017): Stilllegung Kerntechnischer Anlagen, Köln, S. 11, Tab.1, www.grs.de (24.07.2022)
▶ Deutsches Atomforum e. V. (2013): Stilllegung und Rückbau von Kernkraftwerken, Berlin, S. 9, www.kernd.de (24.07.2022)

# Rückbauabfälle und Restbaustoffe

Nur etwa drei Prozent der Baumasse eines Kernkraftwerks sind mit Radioaktivität in Berührung gekommen und sind daher kontaminiert. Da die Endlagerung radioaktiver Stoffe teuer ist, werden die beim Rückbau anfallenden Materialien akribisch getrennt, gereinigt und sortiert. Von den ca. 156.000 Tonnen des Kontrollbereichs eines durchschnittlichen Kernkraftwerks mit Druckwasserreaktor müssen nur etwas mehr als vier Tonnen in einem Endlager deponiert werden. Nicht kontaminiertes Material wird im Rahmen der Strahlenschutzverordnung nach der sogenannten Freimessung in den konventionellen Stoffkreislauf zurückgeführt oder herkömmlich deponiert. Nach den Bauteilen werden auch die verbliebenen Bauwerke freigemessen und nach Freigabe aus dem Atomgesetz entlassen. Danach kann ein herkömmlicher Rückbau ohne Anwendung der Strahlenschutzverordnung erfolgen.

Grafik und Text
► Pia Thois (Universität Kassel)

Quellen
► VGB Power Tech (2011): Entsorgung von Kernkraftwerken. Eine technisch gelöste Aufgabe, Essen, S. 26, www.vgb.org

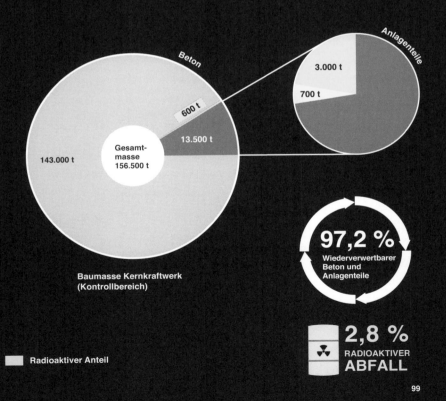

Beton

Anlagenteile

3.000 t

700 t

600 t

13.500 t

Gesamtmasse 156.500 t

143.000 t

Baumasse Kernkraftwerk (Kontrollbereich)

97,2 %
Wiederverwertbarer Beton und Anlagenteile

2,8 %
RADIOAKTIVER ABFALL

Radioaktiver Anteil

# Kosten für Stilllegung und Rückbau

Nach dem Verursacherprinzip obliegt den Kernkraftwerksbetreibern als den Erzeugern der radioaktiven Abfälle auch deren Entsorgung und Lagerung sowie der Rückbau, der von ihnen errichteten Kraftwerksanlagen. Zu diesem Zweck sind die Betreiber gesetzlich verpflichtet, Rücklagen zu bilden. 2017 kam es mit dem „Gesetz zur Neuordnung der Verantwortung in der kerntechnischen Entsorgung" zu veränderten Zuständigkeiten: Die Finanzierungsverantwortung sollte der Handlungsverantwortung folgen. Das heißt, dass der Bund, der für die Einrichtung und den Betrieb der Zwischen- und Endlagerstätten zuständig ist, auch deren Finanzierung übernehmen sollte. In diesem Zuge wurden die von den Betreibern getätigten Rückstellungen für die Zwischen- und Endlagerung aufgelöst und in einen Fonds zur Finanzierung der kerntechnischen Entsorgung überführt (KENFO). In den Fonds legten die Betreiber eine Gesamtsumme von 24 Milliarden Euro ein, die auch einen Risikoaufschlag enthielt. Im Gegenzug wurden sie von allen mit der Lagerung radioaktiver Abfälle verbundenen Pflichten entbunden. Da die Betreiber weiterhin die Handelnden bei Stilllegung und Rückbau sind, verblieb die Finanzierungsverantwortung für diesen Part bei ihnen. Insgesamt werden die Kosten für beide Handlungsstränge auf etwa 47,5 Milliarden Euro geschätzt, wobei hier der Betrieb für die Endlagerstätten noch nicht enthalten ist.

Grafik
▶ Pia Thois (Universität Kassel)
Text
▶ Stefan Rettich

Quellen
▶ Warth & Klein Grant Thornton AG (2015): Gutachterliche Stellungnahme zur Bewertung der Rückstellungen im Kernenergiebereich, Gutachten für das BMWi, Berlin, S. 49, Tabelle 13, www.bmwk.de (24.07.2022)
▶ Bundesministerium für Umwelt, Naturschutz, nukleare Sicherheit und Verbraucherschutz (2022): Grundlagen der Endlagerprojekte, www.bmuv.de/themen/atomenergie-strahlenschutz/endlagerprojekte (24.07.2022)
▶ KENFO – Fonds zur Finanzierung der kerntechnischen Entsorgung, www.kenfo.de (24.07.2022)

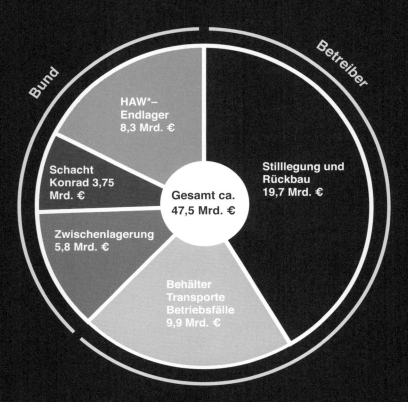

Bund

Betreiber

HAW*–
Endlager
8,3 Mrd. €

Schacht
Konrad 3,75
Mrd. €

Gesamt ca.
47,5 Mrd. €

Stilllegung und
Rückbau
19,7 Mrd. €

Zwischenlagerung
5,8 Mrd. €

Behälter
Transporte
Betriebsfälle
9,9 Mrd. €

* englisch: High Active Waste

# Größenvergleich

**Grafik**
► Jasmin Schwerdtfeger (Universität Kassel)

Kühlturm Kraftwerk
Gundremmingen
160 m
Kölner Dom
157 m

Einfamilienhaus
10 m
Mensch
1,80 m

# Landschaft und Alltag – Fotoessay

Man muss schon kleine Landpartien unternehmen, um die Kernkraftwerke aufzufinden, die in den schönsten Landschaften unserer Flüsse stehen, im Abseits der großen Agglomerationen. Und es hat eindeutig etwas Obszönes, ein Industriegebiet dort hineinzubauen. Aber Angst machen sie nicht, Kernkraftwerke sind leise, und selbst das Summen und Knacken der Umspannwerke scheint zur Natur dazuzugehören. Manche ducken sich weg hinter einem Waldstück und sind kaum oder gar nicht zu erkennen, wie das Kraftwerk in Rheinsberg, das im sicheren Einschluss, versteckt in einer Art Urwald, vor sich hinschlummert, einem verschollenen Maya-Tempel gleich.

Andere Kraftwerke in flachen, landwirtschaftlichen Umgebungen sind schon von Weitem zu erkennen. Wie eine Art Fata Morgana tauchen sie am Horizont auf, besonders wenn die Kühltürme wie Wolkenmaschinen bizarre Formationen in den Himmel blasen. Davon gab es im Juni 2021, als die Aufnahmen entstanden sind, nur noch wenige, da nur noch sechs Kraftwerke in Betrieb waren. Und Brokdorf – eines davon – kam schon immer ohne Kühlturm aus.

Ganz unerwartet sind die vielfältigen Alltagssituationen, in die viele Kraftwerke eingewoben sind – Tennis- und Campingplätze oder eine Parkbank mit Blick auf Krümmel. Die Anrainer gehen mit ihrem Kraftwerk offenbar recht unverkrampft um, als wäre es schon immer dagewesen. Je weiter man sich von einem Kernkraftwerk entfernt, desto größer wird die Kritik, heißt es.

Die Fotos auf den folgenden Seiten stammen von Nils Stoya. Sie sind auf einer Reise durch die Republik im Juni 2022 entstanden.

Text
▶ Stefan Rettich
Fotos
▶ Nils Stoya (Universität Kassel)

Rheinsberg

Krümmel

**Brokdorf**

**Biblis**

**Brunsbüttel**

**Lingen**

**Mülheim-Kärlich**

**Neckarwestheim**

Grafenrheinfeld

**Greifswald**

**Philippsburg**

**Hamm-Uentrop**

**Isar**

**Gundremmingen**

Unterweser

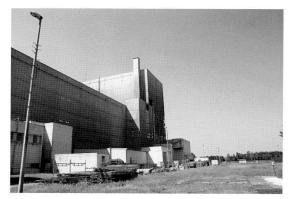

**Würgassen**

**Niederaichbach**

Stade

Grohnde
Foto: Günter Zint

Obrigheim

Emsland

# Fallstudien und Projekte

# Fünf Standorte – Lage, Erscheinung, Zukunft

Kernkraftwerke stehen an Flüssen, weil sie große Mengen an Wasser für die Kühlung der Reaktoren benötigen. Sie befinden sich zudem in Kleinstädten oder Landgemeinden in peripherer Lage. Die Wahl von Orten mit geringer Siedlungsdichte erfolgte unter anderem in Abwägung möglicher Havarien, die trotz guter und sicherer Technik nicht gänzlich ausgeschlossen werden konnten. Die Kraftwerke liegen zugleich aber auch in relativer Nähe von großen Ballungsräumen, deren Endabnehmer und Industrien einen großen Strombedarf haben. Und dennoch gleicht kein Standort dem anderen. Dies liegt an den regionalen und geografischen Gegebenheiten der kleinen Gemeinden und natürlich an ihren kulturellen Vorprägungen. Es hängt aber auch damit zusammen, welchen Entwicklungspfad die Gemeinden eingeschlagen haben, nachdem ein Kernkraftwerk auf ihrer Gemarkung gebaut wurde und überdurchschnittlich hohe Gewerbesteuereinnahmen zur Verfügung standen. Offizielle Zahlen liegen nicht vor, aber nach bestätigten Hochrechnungen geht man davon aus, dass mit einem Kraftwerk, dessen Investitionskosten abgeschrieben waren, im Durchschnitt etwa eine Million Euro Gewinn pro Tag erwirtschaftet werden konnte.

Grundlegende Unterschiede im Erscheinungsbild ergeben sich aus der Technologie des Kraftwerks wie auch den Wassermengen, die die Flüsse mit sich führen. Nur Druckwasserreaktoren verfügen über die typische, ikonische Kuppelform. Siedewasserreaktoren sind dagegen kaum von herkömmlichen Wärmekraftwerken zu unterscheiden, die mit Kohle oder Gas betrieben werden. Sie standen daher auch weniger im Fokus der Öffentlichkeit oder im Zentrum von Massenprotesten. Eine weitere technologische Unterscheidung ist die Präsenz von Kühltürmen. Sie wurden nur dort benötigt, wo das entnommene Wasser vor der Wiedereinleitung in einen kleineren Fluss stark heruntergekühlt werden musste. Daher gibt es beispielsweise an den maritimen Elbstandorten keine Kühltürme, weil die Elbe dort große Wassermengen mit sich führt. Die Rückführung des Kühlwassers mit einer um 10 Grad erhöhten Temperatur wurde dort für die Umwelt als unbedenklich erachtet.

Was alle Standorte eint, sind zyklische Effekte auf die regionale Wirtschaft, die durch die jährlichen, gesetzlich vorgeschriebenen Revisionen hervorgerufen wurden. Für die Umsetzung der Wartungs- und Reparaturarbeiten kamen etwa 1000 zusätzliche, gut bezahlte Monteure in ein Kraftwerk, die für vier bis sechs Wochen in der Region untergebracht werden mussten. Das hatte positive Effekte auf den regionalen Wohnungsmarkt sowie auf Einzelhandel, Gastronomie und Freizeiteinrichtungen.

## Wasserstoffspeicher als Zukunftspotenzial

Kernkraftwerke waren aufgrund ihrer großen Energieleistung Knoten im Energienetz. Insbesondere für die beiden nördlichsten Kraftwerke in Brunsbüttel und Brokdorf könnten sich daraus neue Entwicklungsoptionen als Wasserstoffspeicher für erneuerbare Energien ergeben, denn beide Standorte liegen in unmittelbarer Nähe zu neuen, bedeutenden Infrastrukturen für deren Transport.

Da ist zum einen der sogenannte SüdLink, über den Windenergie vom Norden in die südlichen Bundesländer transportiert werden soll und der mit einer Gabelung beginnt: In Brunsbüttel

# Standorte der Fallstudien

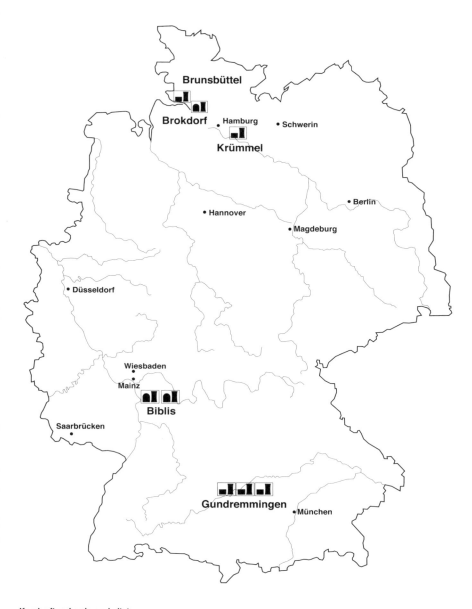

Brunsbüttel

Brokdorf  • Hamburg    • Schwerin

Krümmel

• Berlin

• Hannover

• Magdeburg

• Düsseldorf

Wiesbaden
•
Mainz
•
Biblis

• Saarbrücken

Gundremmingen
• München

**Kernkraftwerke abgeschaltet**

Siedewasserreaktor

Druckwasserreaktor

mündet die Westküstenleitung, die 2023 fertig gestellt und mit der Windenergie an der Westküste Schleswig-Holsteins gesammelt wird. Unweit des Kernkraftwerks wird der Wechselstrom zukünftig in einer neu geschaffenen Konverteranlage für den Weitertransport in Gleichstrom umgewandelt. In Nortorf bei Wilster, etwa zehn Kilometer nördlich von Brokdorf, befindet sich die zweite Konverterstation. Dort wird Windstrom aus den Offshore-Anlagen der Nord- und Ostsee in den SüdLink eingespeist. Die Inbetriebnahme des SüdLinks ist für 2028 geplant.

Die andere bedeutende Infrastruktur hat ihren Ausgangspunkt ebenfalls in Wilster. Über den sogenannten NordLink sind der deutsche und der norwegische Strommarkt seit 2021 verbunden. Da mit dem Erd-und Seekabel ausschließlich Wasser- und Windenergie ausgetauscht werden, spricht man auch von dem „grünen Kabel", einem wichtigen Projekt der europäischen Energiewende, das der Versorgungssicherheit beider Länder und deren Anrainerstaaten dient.

Konkret wird bei Flaute in Deutschland norwegischer Strom aus Wasserkraft importiert, während an windreichen Tagen überschüssige Energie in das norwegische Stromnetz eingespeist und dort direkt den Endverbrauchern zugeführt wird. Die norwegischen Stauseen werden dadurch entlastet und dienen als virtuelle Speicher für überschüssige deutsche Windenergie. Die ehemaligen Kernkraftwerksstandorte in Brunsbüttel und Brokdorf könnten mit ihrer Lage und guten Netzanbindung Teil dieser Infrastruktur für erneuerbare Energien werden und in Wasserstoffspeicher für überschüssige Energie umgewandelt werden. Ein Beleg dafür ist, dass unmittelbar neben dem Kernkraftwerk Brunsbüttel ein sogenanntes LNG-Terminal für Flüssiggas in Planung ist, das später für die Speicherung von Was-

serstoff umgerüstet werden kann.

Nachfolgend werden exemplarische Fallstudien und darauf aufbauende Konversionsprojekte für die Elbstandorte Brunsbüttel, Brokdorf und Krümmel sowie für die Standorte Biblis in Hessen und Gundremmingen in Bayern vorgestellt.

Text
► Stefan Rettich und Janke Rentrop

Quellen
► Süddeutsche Zeitung Online (06.09.2009): Die Gelddruckmaschinen, www.sueddeutsche.de (01.09.22)
► KfW (2022): Grüner Strom aus Norwegen, www.kfw.de (01.09.22)
► TenneT (2022): NordLink – das grüne Kabel, www.tennet.eu/de/projekte/nordlink (01.09.22)
► TenneT (2022): SüdLink, www.tennet.eu/de/projekte/suedlink (01.09.22)
► TenneT (2022): Westküstenleitung, www.tennet.eu/de/projekte/westkuestenleitung (01.09.22)
► Transnet BW (2022): SüdLink – Die Windstromleitung, www.transnetbw.de/de/netzentwicklung/projekte/suedlink (01.09.22)
► TenneT, Transnet BW (2022): Gesamtvorhaben SüdLink, https://tennet-drupal.s3.eu (01.09.22)
► German LNG (2022): Standort, https://germanlng.com/standort (01.09.22)

# Zeichenerklärung

KBR Brokdorf

KRB Grundremmingen

KKB Brunsbüttel

KWB Biblis

KKK Krümmel

Stromproduktion

Konverter

Industriegebiet

Gründung Kernkraftwerk

Inbetriebnahme Zwischenlager

Störfall

Abschaltung

Antrag auf Stilllegung

Rückbau auf die „grüne Wiese"

Temporäre Stilllegung

Ende nuklearer Rückbau

Inbetriebnahme

Fußballfeld

Eishalle

Bademöglichkeit

Wassergraben

Naturschutzgebiet

Bau

Topografie

Anti-AKW-Demonstrationen

Kirche

Rathaus

Schule

Windkraft

SüdLink

Frachtverkehr

Wattolümpiade

Chemiefabrik

Schifftsverkehr

Radioaktivität wird fregeisetzt

# KKB Brunsbüttel

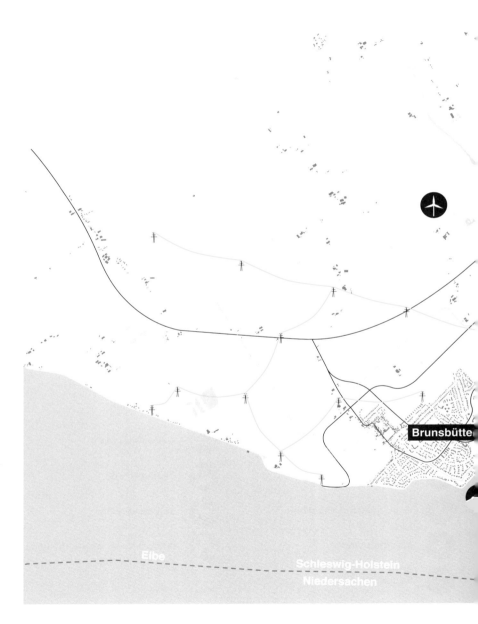

Brunsbüttel

Elbe

Schleswig-Holstein
Niedersachen

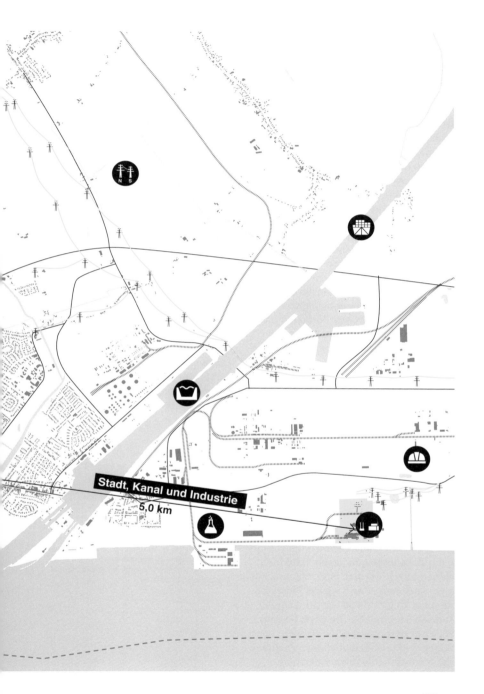

Stadt, Kanal und Industrie

5,0 km

# Brunsbüttel – Industriepark mit Kernkraftwerk

Piraten und Strandräuber sollen die Brunsbütteler einst gewesen sein, bevor sie sich in einem Vertrag von 1286 davon lossagten. Von dieser wilden, rechtlosen Vergangenheit spürt man in der industriell geprägten Kleinstadt mit etwas mehr als 12.000 Einwohnern heute nichts mehr, wenngleich die Geschichte ein Hinweis auf die besondere Lage der Stadt ist. Brunsbüttel liegt am Mündungstrichter der Elbe, am Übergang zur Helgoländer Bucht der Nordsee. Große Handels- und Kreuzfahrtschiffe, wie auch die gigantischen Ultra Large Containerships (ULCS) mit Hamburg als Ziel oder Ausgangspunkt, fahren hier ein und aus. Hinzu kommt der Nord-Ostsee-Kanal (NOK), der 1895 eingeweiht wurde. Der etwa 100 Kilometer lange Kanal, der die Ostsee an der Kieler Förde mit Elbe und Nordsee verbindet, gehört zu den weltweit am stärksten befahrenen künstlichen Wasserstraßen.

Bereits in den 1960er Jahren kam es zur Ansiedlung mehrerer chemischer Betriebe in Brunsbüttel, weshalb ab 1970 parallel zum Bau des Kernkraftwerks der ChemCoastPark (CCP) angelegt wurde. Der CCP ist mit etwa 2000 Hektar das größte zusammenhängende Industriegebiet Schleswig-Holsteins. Er befindet sich südlich des NOK als eigenständiges Terrain, ohne direkten Siedlungszusammenhang. Mit dem Kernkraftwerk sollte ein Anreiz für weitere Ansiedlungen geschaffen und zugleich die Versorgung der energieintensiven Industrien sichergestellt werden. Man rechnete mit einem deutlichen Anstieg der Bevölkerung auf 20.000 bis 30.000 Einwohner. Tatsächlich erreichte die Stadt im Jahr 2000 mit knapp 14.000 Einwohnern ihren Höhepunkt und ist seit der Abschaltung des Kraftwerks deutlich rückläufig.

Obwohl das Industriegebiet über eine Gleisanbindung für den Güterverkehr sowie einen Tiefseehafen an der Elbe verfügt und 1983 eine Hochbrücke über den NOK unter anderem zur besseren Anbindung des Schwerlastverkehrs hinzukam, liegen viele Flächen im CCP brach. Das mag auch am Kernkraftwerk liegen, das während seiner Laufzeit aufgrund vielfacher Störfälle teils über Jahre hinweg nicht am Netz war. Der Standortvorteil der unmittelbaren Stromversorgung war damit nicht verlässlich gegeben.

Dennoch ist der CCP mit rund 4000 Arbeitsplätzen ein bedeutender Wirtschaftsstandort in der Region, der über die B5 auch gut an die Autobahn A23 angebunden ist. Erstaunlich ist nur, dass das Mittelzentrum mit seinen vielen Einpendlern nicht an das Bahnnetz angeschlossen ist.

Mit den vielen, sich überlagernden Infrastrukturen wie Schleusen, Stromtrassen und Umspannwerk sowie dem Nord-Ostsee-Kanal und der Hochbrücke, die ihn überquert, ist das kleine Brunsbüttel von starken Gegensätzen geprägt, die man sonst nur von großen Hafen- oder Industriestädten kennt.

Text
► Stefan Rettich und Janke Rentrop
Grafik
► Benedikt Wirxel und Janke Rentrop
(Universität Kassel)

Quellen
► Brunsbüttel (2022): Brunsbüttel. Ein kurzer Rückblick, www.brunsbuettel.de (01.09.22)
► ChemCoastPark (2022): Standort, www.chemcoastpark.de (01.09.22)
► Frey, Cara et al. im Gespräch mit Astrid Gasse (2019): Interview im Rahmen des Seminars „Nach der Kernkraft" an der Universität Kassel, Brunsbüttel, 21.05.2019

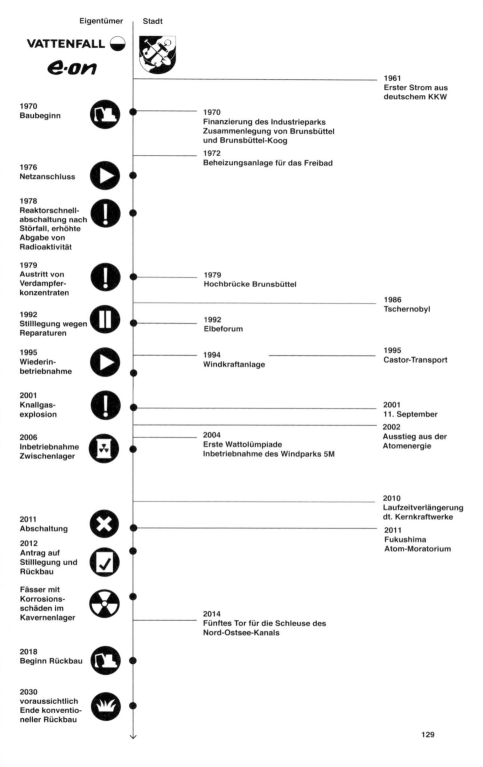

**Eigentümer**  **Stadt**

**VATTENFALL**
**e·on**

1961
Erster Strom aus
deutschem KKW

1970
Baubeginn

1970
Finanzierung des Industrieparks
Zusammenlegung von Brunsbüttel
und Brunsbüttel-Koog

1972
Beheizungsanlage für das Freibad

1976
Netzanschluss

1978
Reaktorschnell-
abschaltung nach
Störfall, erhöhte
Abgabe von
Radioaktivität

1979
Austritt von
Verdampfer-
konzentraten

1979
Hochbrücke Brunsbüttel

1986
Tschernobyl

1992
Stilllegung wegen
Reparaturen

1992
Elbeforum

1995
Wiederin-
betriebnahme

1994
Windkraftanlage

1995
Castor-Transport

2001
Knallgas-
explosion

2001
11. September

2002
Ausstieg aus der
Atomenergie

2006
Inbetriebnahme
Zwischenlager

2004
Erste Wattolümpiade
Inbetriebnahme des Windparks 5M

2010
Laufzeitverlängerung
dt. Kernkraftwerke

2011
Abschaltung

2011
Fukushima
Atom-Moratorium

2012
Antrag auf
Stilllegung und
Rückbau

Fässer mit
Korrosions-
schäden im
Kavernenlager

2014
Fünftes Tor für die Schleuse des
Nord-Ostsee-Kanals

2018
Beginn Rückbau

2030
voraussichtlich
Ende konventio-
neller Rückbau

# Interdependenzen

Das KKB Brunsbüttel ist ein vergleichsweise kleiner Siedewasserreaktor, der in der Zeit von 1976 bis 2011 in Betrieb war. Eigentümerinnen sind die Vattenfall Europe Nuclear Energy GmbH (66,6%) und die E.ON Kernkraft GmbH (33,3%). Der Reaktor war äußerst störanfällig und steht mit 517 meldepflichtigen Ereignissen an der Spitze der deutschen Kraftwerke. Er musste mehrmals, teils über Jahre hinweg, abgeschaltet und gewartet werden. 2007 wurde das Kraftwerk abermals heruntergefahren, wiederum nach einem Störfall, und ging danach nicht mehr ans Netz. Die langen Reparaturarbeiten wurden von der Havarie in Fukushima eingeholt und Brunsbüttel fiel als eines der sieben ältesten Kernkraftwerke unter das Atom-Moratorium der Bundesregierung von 2011. Der Antrag auf Stilllegung und Rückbau wurde bereits ein Jahr später gestellt, seit 2013 läuft der Rückbau. Seit 2006 ist zudem ein Zwischenlager auf dem Anlagengelände in Betrieb.

Größere Protestaktionen fanden in Brunsbüttel trotz der vielen Störfälle nicht statt. Durch seine Lage südlich des Nord-Ostsee-Kanals (NOK) inmitten des riesigen Industriegebiets war es noch schwerer zugänglich als die anderen Kernkraftwerke und damit für medienwirksame Aktionen denkbar ungeeignet. In Brunsbüttel wurde auch in Kultur und Freizeit investiert. 1992 wurde das von den Betreibern finanzierte Elbeforum

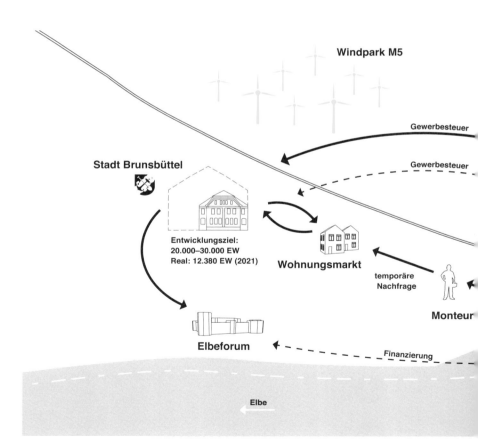

Windpark M5

Gewerbesteuer

Gewerbesteuer

Stadt Brunsbüttel

Entwicklungsziel:
20.000–30.000 EW
Real: 12.380 EW (2021)

Wohnungsmarkt

temporäre
Nachfrage

Monteur

Elbeforum

Finanzierung

Elbe

eröffnet. Das Kultur- und Tagungs-
zentrum ist seither Kristallisationspunkt
der lokalen und regionalen Öffentlichkeit. Dazu gehören Konzerte sowie
Kunstausstellungen in der angeglie-
derten Stadtgalerie.

Die Konverterstation, mit der bald
Windstrom von der Westküstenlinie in
den SüdLink eingespeist wird, ist im
ChemCoastPark (CCP) geplant wie auch
ein LNG-Terminal, das unmittelbar neben
dem Kernkraftwerk gebaut und später
für die Speicherung von Wasserstoff
genutzt werden soll. Auch in Zukunft
setzt man also wieder auf gute Stromversorgung und auf einen Neustart des
CCP unter grünen Vorzeichen. Dazu
gehört auch ein Windpark an der B5, der
seit 2004 ausgebaut wird.

Text
▶ Stefan Rettich und Janke Rentrop
Grafik
▶ Cara Frey und Janke Rentrop
(Universität Kassel)

Quellen
▶ Vattenfall (2022): Kernkraftwerk Brunsbüttel,
https://powerplants.vattenfall.com/de/
brunsbuttel (01.09.22)
▶ BASE (2022): Kernkraftwerke in Deutschland:
Meldepflichtige Ereignisse seit Inbetriebnahme,
www.base.bund.de (01.09.22)
▶ TenneT (2022): SüdLink, www.tennet.eu
(01.09.22)
▶ German LNG (2022): Standort,
https://germanIng.com (01.09.22)

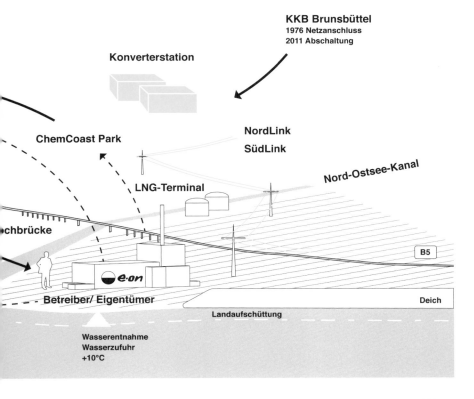

KKB Brunsbüttel
1976 Netzanschluss
2011 Abschaltung

Konverterstation

ChemCoast Park

NordLink
SüdLink

Nord-Ostsee-Kanal

LNG-Terminal

◦chbrücke

B5

e·on

Betreiber/ Eigentümer

Deich

Landaufschüttung

Wasserentnahme
Wasserzufuhr
+10°C

# Mega-Watt-Park

Was wäre, wenn ein abgeschaltetes
Kernkraftwerk zum Impulsgeber würde?

Brunsbüttel hat eine doppelte Lagegunst: hier mündet die Elbe in die Nordsee und der Nord-Ostsee-Kanal in die
Elbe. Diese strategische Lage war Ausgangspunkt für den ChemCoast Park,
das mit 2000 Hektar größte Industriegebiet Schleswig-Holsteins, sowie für
das KKB Brunsbüttel als energetischem
Impulsgeber der ambitionierten Entwicklung. Allerdings blieb die Dynamik hinter
den Erwartungen zurück – noch immer
liegen viele Flächen brach. Heute bieten
erneuerbare Energien aus Offshore-
Anlagen der Nordsee neue Entwicklungsoptionen, insbesondere in Bezug
auf Speicherung überschüssiger Strommengen (Geisterstrom). Hier setzt das
Projekt an und nutzt den abgeschalteten
Reaktor als Transformator, in dem
Verfahren zu Speicherung und Erhalt
von regenerativen Energien erprobt und
entwickelt werden. Auf daran ange-
schlossenen Experimentierfeldern
werden Möglichkeiten getestet, den
Geisterstrom in Produkte und Dienst-
leistungen umzuwandeln, die nach
Marktreife direkte Anwendung im Chem-
Coast Park finden. Außerdem ist ein Um-
schlaghafen geplant, in dem die Fracht
von Ultra Large Container Ships (ULCS)
auf Schiffe mit geringerem Tiefgang um-
geschlagen wird, für den Transport auf
dem Nord-Ostsee-Kanal sowie zur Ent-
lastung des Hamburger Hafens. Damit
wird auch dem ökologischen Problem
der Elbvertiefung begegnet. Um Brunsbüttel kommt man nicht herum – insbesondere, wenn es um Antworten für die
grüne Energiewende und umweltver-
trägliche Logistik in der Containerschiff-
fahrt geht.

Text und Projekt
▶ Gerhard Flasche, Pascal Simon und
Nils Stoya (Universität Kassel)

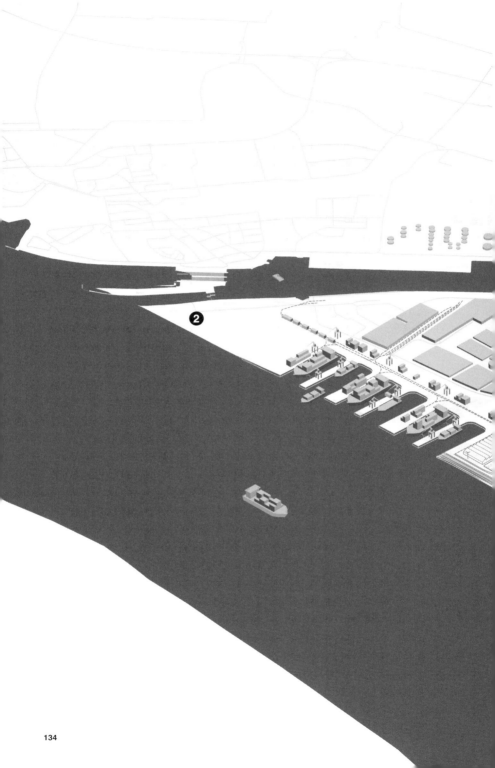

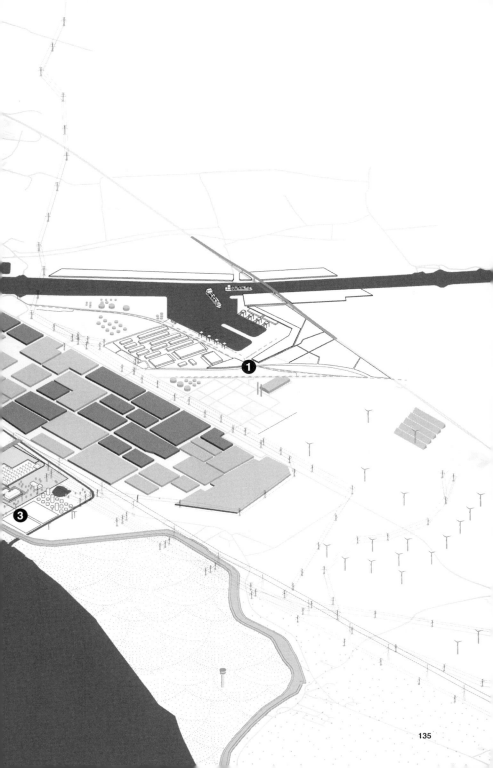

②

**3**

# KBR Brokdorf

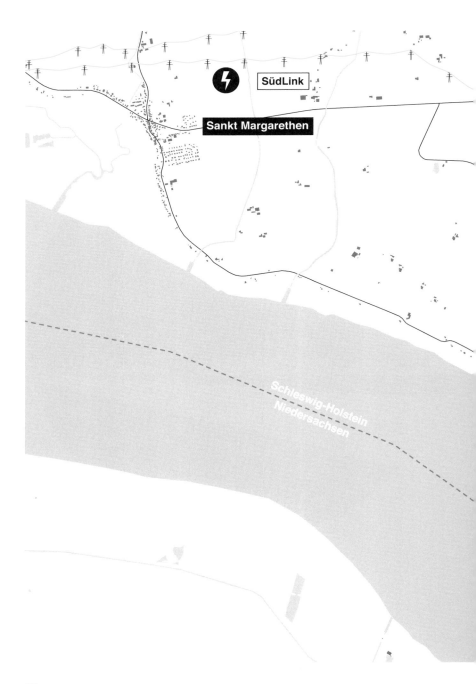

SüdLink

Sankt Margarethen

Schleswig-Holstein
Niedersachsen

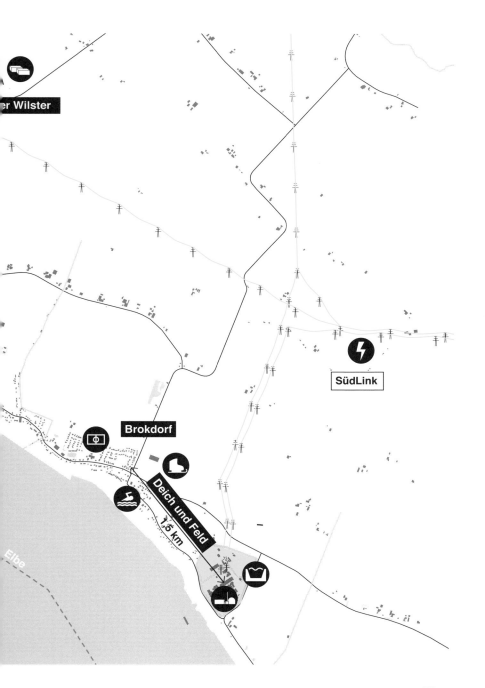

er Wilster

SüdLink

Brokdorf

Deich und Feld
1,5 km

Elbe

# Brokdorf – Großdemonstrationen am Sandstrand

Die kleine Landgemeinde Brokdorf mit rund 1000 Einwohnern liegt etwa 60 Kilometer nordwestlich von Hamburg an der Mündung der Elbe in die Nordsee. Die dortige Wilstermarsch ist geprägt von Landwirtschaft, regionaltypischen Warften, dem Elbdeich und weiten Blicken, unter anderem auf die vorbeiziehenden Fracht- und Containerschiffe. Ein besonderes Highlight ist der Brokdorfer Strand, der einzige Sandstrand an der Elbe zwischen Hamburg und der Nordsee, der schon immer Anziehungspunkt in der Region war – ein Idyll, mit Kernkraftwerk. Das mächtige Industriebauwerk, das südlich an die Ortschaft anschließt, dominiert die flache Landschaft mit seiner Kuppel bis heute. Sie ist zugleich eine heftig umstrittene Landmarke der deutschen Energiewirtschaft.

Brokdorf, das ist weltweit ein Synonym für Kernkraft und den politischen Streit darüber. Bereits am 30. Oktober 1976, fünf Tage nachdem eine Teilerrichtungsgenehmigung erlassen wurde, eskalierte eine zunächst friedliche Demonstration mit etwa 6000 Menschen. Die Gegner konnten im Dezember 1976 einen Baustopp erwirken, der am 17. Oktober 1977 vom Oberverwaltungsgericht Lüneburg bestätigt wurde. Danach und bis 1981 durften lediglich Entwässerungs- und Sicherungsarbeiten auf dem Gelände durchgeführt werden. In dieser Zeit wurde auch ein zehn Meter breiter Wassergraben rund um das Gelände angelegt, der technologisch nicht erforderlich war. Das Kraftwerk sollte wie eine mittelalterliche Burg vor Angreifern geschützt werden. Kurz nachdem der Baustopp aufgehoben wurde, kam es am 28. Februar 1981, trotz Versammlungsverbot, zu der bis dahin größten

Demonstration in der Bundesrepublik. Die Schätzungen schwanken zwischen 50.000 und 100.000 Menschen. Dabei kam es zu überaus heftigen, gewalttätigen Auseinandersetzungen mit zahlreichen Verletzten, sowohl aufseiten der Polizei als auch aufseiten der Demonstranten.

Nach Klagen von Protestierenden gegen das umstrittene Versammlungsverbot kam es 1985 zu einem Grundsatzbeschluss des Bundesverfassungsgerichts – dem sogenannten Brokdorf-Beschluss. In dessen Folge kam es zu gesetzlichen Änderungen, die Mitbestimmung und friedliche Proteste in den Verfassungsrahmen integrierten. Diese Novelle ist für die deutsche Rechts- und Gesellschaftsordnung so umfassend und weitreichend, dass man allein daraus eine Schutzwürdigkeit des Kraftwerks ableiten könnte.

Text
► Stefan Rettich und Janke Rentrop
Grafik
► Benedikt Wirxel und Janke Rentrop
(Universität Kassel)

Quellen
► Feldtmann, Waltraut (1997): Das neue Brokdorf, Band 3, Neumünster, S. 298–308
► Brokdorf-Beschluss: BVerfGE 69, 315
► Doering-Manteuffel, Anselm et al. (2015): Der Brokdorf-Beschluss des Bundesverfassungsgerichts 1985, Tübingen, S. 1–5

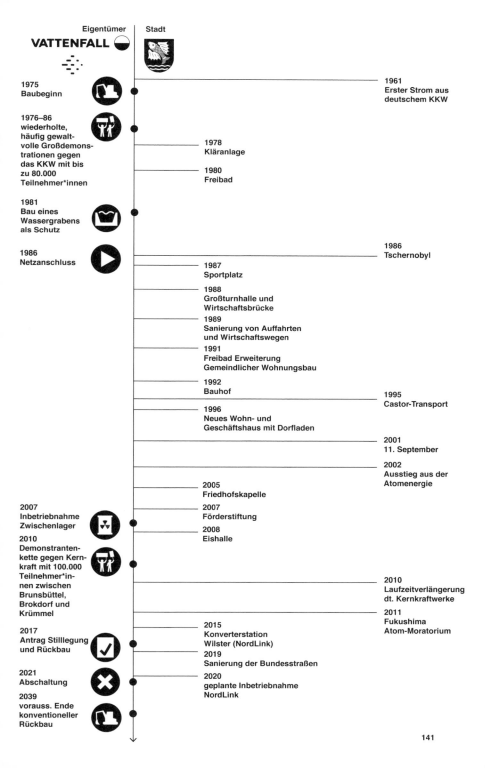

Eigentümer | Stadt

**VATTENFALL**

**1975**
Baubeginn

**1961**
Erster Strom aus
deutschem KKW

**1976–86**
wiederholte,
häufig gewalt-
volle Großdemons-
trationen gegen
das KKW mit bis
zu 80.000
Teilnehmer*innen

**1978**
Kläranlage

**1980**
Freibad

**1981**
Bau eines
Wassergrabens
als Schutz

**1986**
Netzanschluss

**1986**
Tschernobyl

**1987**
Sportplatz

**1988**
Großturnhalle und
Wirtschaftsbrücke

**1989**
Sanierung von Auffahrten
und Wirtschaftswegen

**1991**
Freibad Erweiterung
Gemeindlicher Wohnungsbau

**1992**
Bauhof

**1995**
Castor-Transport

**1996**
Neues Wohn- und
Geschäftshaus mit Dorfladen

**2001**
11. September

**2002**
Ausstieg aus der
Atomenergie

**2005**
Friedhofskapelle

**2007**
Inbetriebnahme
Zwischenlager

**2007**
Förderstiftung

**2008**
Eishalle

**2010**
Demonstranten-
kette gegen Kern-
kraft mit 100.000
Teilnehmer*in-
nen zwischen
Brunsbüttel,
Brokdorf und
Krümmel

**2010**
Laufzeitverlängerung
dt. Kernkraftwerke

**2011**
Fukushima
Atom-Moratorium

**2017**
Antrag Stilllegung
und Rückbau

**2015**
Konverterstation
Wilster (NordLink)

**2019**
Sanierung der Bundesstraßen

**2021**
Abschaltung

**2020**
geplante Inbetriebnahme
NordLink

**2039**
vorauss. Ende
konventioneller
Rückbau

# Interdependenzen

Das KBR Brokdorf ist ein Druckwasserreaktor, der in der Zeit von 1986 bis zu seiner Abschaltung Ende 2021 in Betrieb war. Eigentümerinnen sind die PreussenElektra GmbH (80%) und die Vattenfall GmbH (20%). Da die Elbe große Wassermengen mit sich führt, ist wie bei den Kraftwerken in Brunsbüttel und Krümmel kein Kühlturm erforderlich. In der Betriebsphase haben über 300 Personen in der Anlage gearbeitet, mit der im Durchschnitt 90 Prozent des jährlichen Strombedarfs von Schleswig-Holstein gedeckt werden konnte. Im März 2007 wurde ein Zwischenlager in Betrieb genommen, in dem Castoren mit Brennstäben gelagert werden, bis ein Endlager zur Verfügung steht.

Anders als die großen Protestaktionen es vermuten lassen, war das Verhältnis der Brokdorfer Bevölkerung zu ihrem Kraftwerk überwiegend positiv. Das lag sicher auch an den hohen Gewerbesteuereinnahmen, mit denen mehrere Freizeiteinrichtungen gebaut werden konnten. Dazu zählen ein Freibad, eine große Mehrzwecksporthalle und eine Eissporthalle. Darüber hinaus wurde in kommunale Wohnungen investiert sowie in einen Dorfladen, um die Nahversorgung sicherzustellen.

2007 wurde die Förderstiftung Brokdorf gegründet, zu deren Förderzielen unter anderem Bildung, Sport und kul-

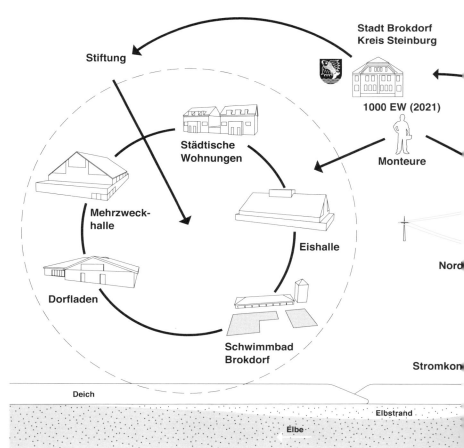

Stiftung

Stadt Brokdorf
Kreis Steinburg

1000 EW (2021)

Städtische
Wohnungen

Monteure

Mehrzweckhalle

Eishalle

Nord

Dorfladen

Schwimmbad
Brokdorf

Stromkon

Deich

Elbstrand

Elbe

turelle Zwecke gehören. Über die Stiftung soll gewährleistet werden, dass Anteile der kommunalen Rücklagen zweckgebunden in den Erhalt der Freizeiteinrichtungen fließen. Trotz großer Rücklagen wird dies nicht dauerhaft möglich sein, denn das Kraftwerk fiel schon seit mehreren Jahren als Steuerzahler aus, da der Konzern mit den Gewinnen Rücklagen für den Rückbau bilden musste. Mit der Abschaltung entfiel zudem eine weitere Einnahmequelle für Gemeinde und Region. Ohne die jährlichen Revi-sionen bleiben auch die etwa 1000 zusätzlichen Monteure mit ihrer hohen Kaufkraft aus.

Wie sich die geplante Fertigstellung des SüdLinks ab 2028 und die Konver-teranlage bei Wilster auf die Region auswirken werden, gilt es abzuwarten. Wie in Brunsbüttel bietet sich das Kraftwerksgelände als Wasserstoffspeicher für überschüssigen Strom aus den Offshore-Windparks und der Westküstenleitung an.

Text
▶ Stefan Rettich und Janke Rentrop
Grafik
▶ Cara Frey und Janke Rentrop
(Universität Kassel)

Quellen
▶ Feldtmann, Waltraut (1997): Das neue Brokdorf, Band 3, Neumünster, S. 399–408
▶ PreussenElektra (2022): Unsere Kraftwerke – Kernkraftwerk Brokdorf, www.preussenelektra.de (01.09.22)
▶ TenneT (2022): SüdLink, https://www.tennet.eu/de/projekte/suedlink (01.09.22)

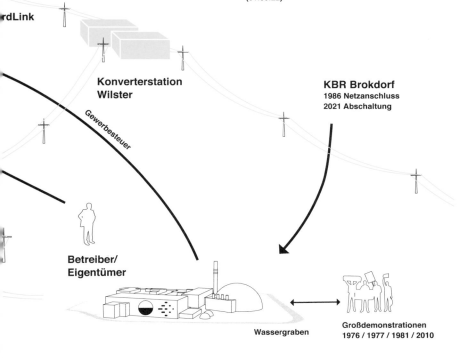

rdLink

Konverterstation Wilster

Gewerbesteuer

KBR Brokdorf
1986 Netzanschluss
2021 Abschaltung

Betreiber/ Eigentümer

Wassergraben

Großdemonstrationen
1976 / 1977 / 1981 / 2010

Schiffsanleger

Wasserentnahme
Wasserzufuhr
+10° C

# HYDROG|EN|ERGY

**Was wäre, wenn Kernkraftwerke die grüne Energiewende retten würden?**

Wenn kein Wind weht und keine Sonne scheint, kommt auch kein Strom aus der Steckdose – und umgekehrt: Überhänge im System erneuerbarer Energien führen zu verlorenem Geisterstrom. Um diese Schwankungen auszugleichen, braucht es intelligente Speichersysteme. Wasserstoff kann dazu einen entscheidenden Beitrag leisten, denn er lässt sich klimaneutral aus grünem Strom und Wasser herstellen und bei Bedarf wieder verstromen. Durch die Lage an der Elbe und den Netzanschluss sind die Grundvoraussetzungen zur Herstellung und Lagerung von Wasserstoff in Brokdorf gegeben. Zudem liegt die Konverteranlage Wilster in unmittelbarer Nähe. Dort wird grüner Offshore-Strom transformiert und verschickt – über den NordLink nach Norwegen oder den SüdLink in Richtung Bayern. Auch die Bestandsgebäude eignen sich gut: Elbwasser wird in der Wasseraufbereitung demineralisiert, im Reaktorgebäude findet die Elektrolyse statt und die Turbinenhäuser dienen der Rückverstromung. Der Wasserstoff selbst wird in kugelförmigen Betonspeichern auf dem Gelände zwischengelagert. Zusätzlich können die Brokdorfer ihren eigenen Strom produzieren und die Überschüsse verkaufen. Die Energieproduktion in einzelnen Großanlagen ist Vergangenheit. In Zukunft ist das System Produzent und Konsument in einem – und Brokdorf bleibt ein bedeutender Knoten im Netz deutscher Energieproduktion.

Text und Projekt
▶ Cara Frey, Jasper Herhahn und Pia Thois (Universität Kassel)

Kleinwindkraftanlagen am Deich

Landwirtschaft 2050

146

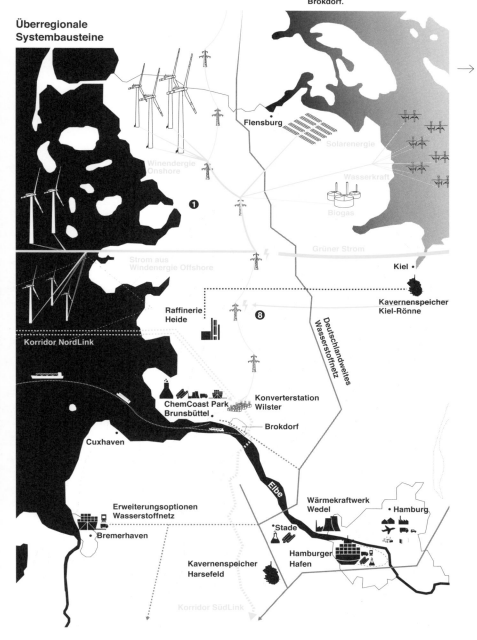

**❶** Strom aus erneuerbaren Energien wird ins Netz eingespeist und bei Netzüberlastung zur Elektrolyse von Wasserstoff genutzt. Dies geschieht 2050 im industriellen Maßstab in Brokdorf.

## Überregionale Systembausteine

Flensburg

Solarenergie

Winendergie Onshore

Wasserkraft

Biogas

Grüner Strom

❶

Kiel

Strom aus Windenergie Offshore

Kavernenspeicher Kiel-Rönne

Raffinerie Heide

❽

Deutschlandweites Wasserstoffnetz

Korridor NordLink

Konverterstation Wilster

ChemCoast Park Brunsbüttel

Brokdorf

Cuxhaven

Elbe

Erweiterungsoptionen Wasserstoffnetz

Wärmekraftwerk Wedel

Hamburg

Bremerhaven

Stade

Hamburger Hafen

Kavernenspeicher Harsefeld

Korridor SüdLink

147

**②** Bei Netzüber-
lastung wird der
grüne Strom
nicht abgeregelt,
sondern zur Elek-
trolyse von Was-
serstoff genutzt.

**③** Überschüssiger grüner
Strom kommt aus dem
überregionalen Netz in
Brokdorf an und wird
ins ehemalige Reaktor-
gebäude geleitet.

**④** Wasser wird mithilfe
von grünem Strom in
Sauerstoff und Was-
serstoff gespalten. Der
Wasserstoff kann in
einem weiteren Schritt
in Methan umgewan-
delt werden.

**⑤** Für die Methanisierung von
Wasserstoff wird CO₂ benötigt.
Es entstehen Wasser und
synthetisches Methan, das in
bestehende Erdgasnetze und
Langzeitspeicher im Untergrund
(Kavernen) eingespeist werden
kann.

### Regionale
### Systembausteine

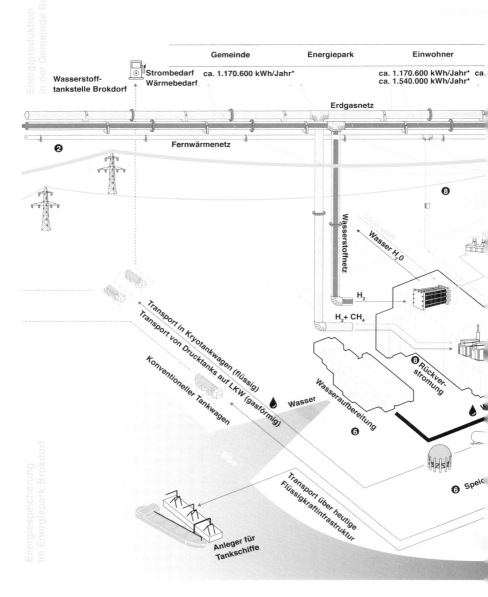

| | Gemeinde | Energiepark | Einwohner |
|---|---|---|---|
| Strombedarf | ca. 1.170.600 kWh/Jahr* | | ca. 1.170.600 kWh/Jahr* ca. |
| Wärmebedarf | | | ca. 1.540.000 kWh/Jahr* |

Wasserstoff-
tankstelle Brokdorf

Erdgasnetz

② Fernwärmenetz

Wasserstoffnetz

Sauerstoff

Wasser H₂O

H₂

H₂ + CH₄

⑧ Rückver-
stromung

Transport in Kryotankwagen (flüssig)

Transport von Drucktanks auf LKW (gasförmig)

Konventioneller Tankwagen

Wasser

Wasseraufbereitung ⑥

Transport über heutige
Flüssigkraftinfrastruktur

⑥ Speic

Anleger für
Tankschiffe

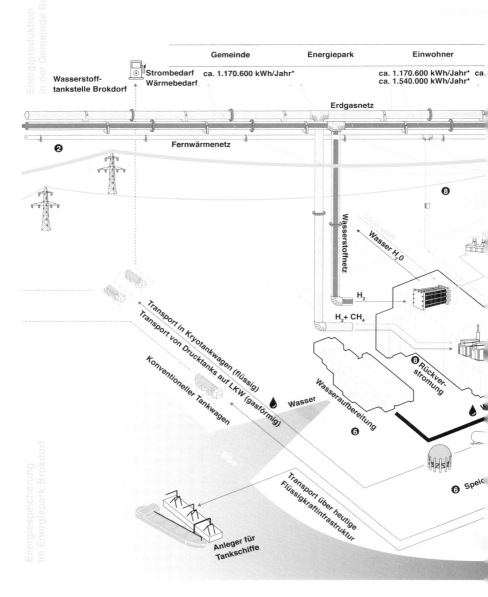

**6** Im Energiepark wird der aus grünem Strom erzeugte Wasserstoff kurz- und langfristig lokal gespeichert, um ihn bedarfsgerecht transportieren und in anderen Sektoren einsetzen zu können.

**7** Über die Gasnetze können die klimaneutral erzeugten Gase zu Verbrauchszentren und unterirdischen Langzeitspeichern transportiert werden. Gleichzeitig dienen die Netze selbst als Speicher. Bei Bedarf kann der gasförmig gespeicherte Strom wieder zurückgewandelt werden.

**8** Bei Bedarfsspitzen wird der gasförmig gespeicherte Strom in Brennstoffzellen oder BHKW rückverstromt und eingespeist.

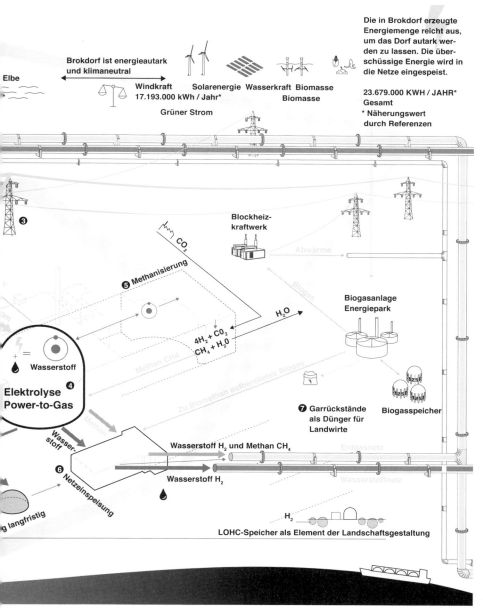

Die in Brokdorf erzeugte Energiemenge reicht aus, um das Dorf autark werden zu lassen. Die überschüssige Energie wird in die Netze eingespeist.

Elbe

Brokdorf ist energieautark und klimaneutral

Windkraft 17.193.000 kWh / Jahr*  Solarenergie  Wasserkraft  Biomasse
Biomasse

Grüner Strom

23.679.000 KWH / JAHR*
Gesamt
* Näherungswert durch Referenzen

**3**

**5** Methanisierung

$CO_2$

Blockheizkraftwerk

Abwärme

Biogas

$H_2O$

$4H_2 + CO_2$
$CH_4 + H_2O$

Biogasanlage Energiepark

Wasserstoff

Elektrolyse Power-to-Gas **4**

Methan

Zu Biomethan aufbereitetes Biogas

**7** Garrückstände als Dünger für Landwirte

Biogasspeicher

Wasserstoff

Wasserstoff $H_2$ und Methan $CH_4$

**6** Netzeinspeisung

Wasserstoff $H_2$

Erdgasnetz

Wasserstoffnetz

langfristig

$H_2$

LOHC-Speicher als Element der Landschaftsgestaltung

# KKM –
# KernKraftMuseum

Was wäre, wenn wir vergessen würden?

Das Kernkraftwerk Brokdorf liegt an der Elbe, südlich des Nord-Ostsee-Kanals. Hier fanden besonders in den 1970er Jahren massive Proteste statt. Der Widerstand gipfelte in einem vierjährigen Baustopp von 1977 bis 1981. Dennoch wurde das Kraftwerk im Oktober 1986 in Betrieb genommen, als erstes Kraftwerk weltweit nach der Tschernobyl-Katastrophe im April desselben Jahres. Die bewegte Geschichte führte zu baulichen Besonderheiten, wie einem Wassergraben, der einem Burggraben gleich zur Verteidigung gegen Demonstranten angelegt wurde. Vor diesem Hintergrund entsteht das KKM – KernKraftMuseum Brokdorf. Das Museum liegt eingebettet in einem bewaldeten Landschaftspark. Über die Wassergräben betritt man den inneren Museumsbereich. Auf neuen Wegen gelangen die Besuchergruppen in das Museumsfoyer. Hier starten die Routen, auf denen man die technischen Kreisläufe und andere Themen wie Protest oder Sicherheitsaspekte des ehemaligen Kernkraftwerks nacherleben kann. Die Museumsgäste bewegen sich auf massiven Stegen über das Areal und durch die monumentalen Gebäude. Die Stege inszenieren durch Öffnungen die umliegende Landschaft und das Kraftwerk selbst – ein Museum gegen das Vergessen.

Text und Projekt
▶ Rudi Dück, Marius Freund und Janke Rentrop (Universität Kassel)

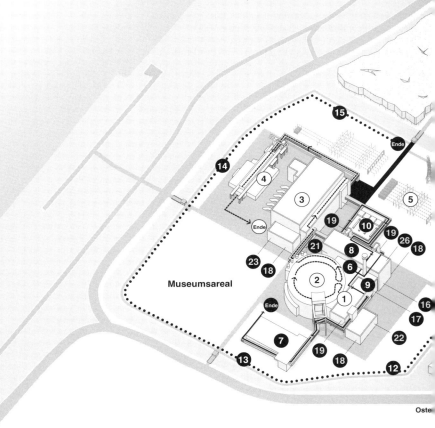

**Museumsareal**

Ende

Oste...

|  Route 1  |  Route 2  | Route 3  |
|---|---|---|
| PRODUKTIONSROUTE | **SICHERHEITSROUTE** | PROTESTROUTE |

| | | | | | | |
|---|---|---|---|---|---|---|
| ① | Startpunkt Route 1:<br>Museumsfoyer | ⑥ | Startpunkt Route 2:<br>Museumsfoyer | ⑪ | Startpunkt Route 3:<br>Museumspforte |
| ② | Reaktorgebäude | ⑦ | Kühlwasserbauwerk | ⑫ | Historie der Kernenergie |
| ③ | Maschinenhaus | ⑧ | Blockwarte | ⑬ | Geschichte deutscher Kernk |
| ④ | Kühlwasserbauwerk | ⑨ | Hilfsanlagengebäude | ⑭ | Protest und Geschehnisse vc |
| ⑤ | Freiluftschaltanlage | ⑩ | Noteinspeisegebäude | ⑮ | Ausblick und Nachnutzung<br>von Kernkraftwerken |

**Museumswald**
**Brokdorf**

㉔

**KM**

**SEUM & CO**

| | | | |
|---|---|---|---|
| Museumsfoyer:<br>Infopoint und Reservierungen | | ㉒ | Restaurant |
| Ticketschalter | | ㉓ | Café |
| Öffentliches WC | | ㉔ | Parkplätze |
| Aufzüge | | ㉕ | Zwischenlager<br>Brokdorf |
| Museumsshop | | ㉖ | Museumskino |
| Veranstaltungsraum | | | |

**Richtung Brokdorf/**
**Brunsbüttel**

Dorfstraße

Zufahrt Kernkraftmuseum ←

Großwisch

**B431**
**Richtung Elmshorn/ Hamburg**

Produktionsroute

Museumsfoyer

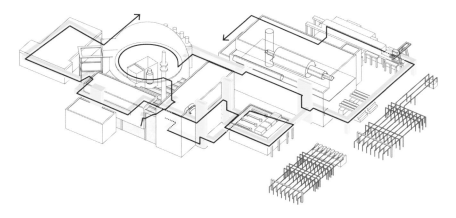

Stege

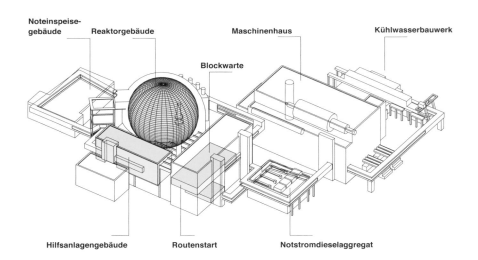

Noteinspeise-
gebäude    Reaktorgebäude                    Maschinenhaus                    Kühlwasserbauwerk

Blockwarte

Hilfsanlagengebäude        Routenstart              Notstromdieselaggregat

Raumprogramm

# KKK Krümmel

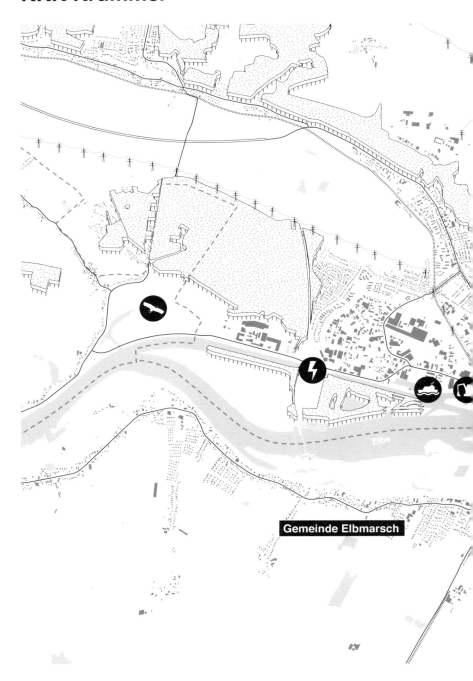

Gemeinde Elbmarsch

Elbe

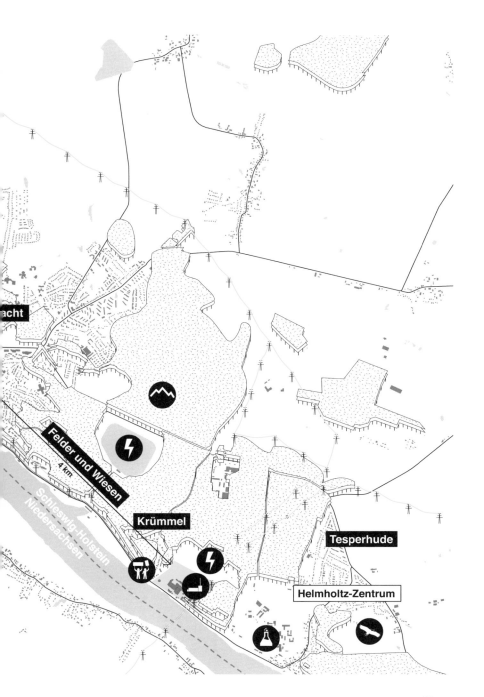

acht

Felder und Wiesen

4 km

Schleswig-Holstein
Niedersachsen

Krümmel

Tesperhude

Helmholtz-Zentrum

# Krümmel – Von der Sprengstofffabrik zum Kernkraftwerk

Der Krümmel war ein abgeschiedener bewaldeter Hügel an der Elbe, vier Kilometer südlich von Geesthacht. Für Alfred Nobel der ideale Ort, um seine erste Sprengstofffabrik außerhalb Schwedens zu gründen: Er lag im Abseits, war dünn besiedelt und trotzdem über die Elbe sehr gut angebunden, unter anderem ins nahe Hamburg. In Krümmel hat Nobel auch das Dynamit erfunden, das ihm zu seinem großen Reichtum verhalf. 1910, da lebte Nobel schon längst nicht mehr, war die Dynamit AG in Krümmel die größte Sprengstofffabrik Europas. Im Zweiten Weltkrieg bauten die Nationalsozialisten das Gelände zu einem riesigen Rüstungsbetrieb aus, in dem annähernd 13.000 Zwangsarbeiter Kriegsgüter produzieren mussten. Heute erinnert nur noch ein Wasserturm in einem Waldstück an die vormalige Nutzung.

Die Geschichte der Kernenergie auf dem Krümmel begann bereits 1956, als Physiker, die im Uranprojekt der Nationalsozialisten tätig waren, die Gesellschaft für Kernenergieverwertung in Schiffbau und Schifffahrt (GKSS) gründeten und mit ihr das nuklear angetriebene Frachtschiff „Otto Hahn" entwickelten, das 1964 vom Stapel lief. In diesem Zusammenhang wurden auf dem Gelände auch zwei Forschungsreaktoren (FRG-1/2) gebaut, die sich mittlerweile im Rückbau befinden. Aus der GKSS ging das Helmholtz-Zentrum Geesthacht hervor, heute Helmholtz-Zentrum Hereon, das sich noch immer auf dem östlichen Teil des Grundstücks befindet. Das Hereon befasst sich unter anderem mit Material- und Küstenforschung sowie mit Themen des Klimawandels.

Als man in Schleswig-Holstein nach Standorten für Kernkraftwerke suchte, bot sich die Fläche an der Elbe in Nachbarschaft der Forschungsreaktoren geradezu an – auch weil der Rüstungsbetrieb nach dem Krieg von den Alliierten demontiert und gesprengt wurde und sich seither auf dem Hauptgelände kein neuer Betrieb angesiedelt hatte. 1972 wurde mit den Bauarbeiten begonnen und 1983 ging der weltweit größte Siedewasserreaktor schließlich ans Netz. Er produzierte etwa 24 Jahre lang Energie bis zu einer größeren Havarie: Im Juni 2007 kam es zu einem Transformatorbrand mit heftiger Rauchentwicklung. Ursache war ein Kurzschluss innerhalb des Transformators. Obwohl zu keiner Zeit Radioaktivität ausgetreten war, wurde der Störfall zu einem weltweiten medialen Ereignis. Die Reparaturarbeiten dauerten bis 2009 an. Als beim Wiederanfahren erneut Zwischenfälle auftraten, kam es zu einer Reaktorschnellabschaltung. Bis zum Atom-Moratorium der Bundesregierung von 2011, in dem beschlossen wurde, neben den sieben ältesten Kernkraftwerken auch Krümmel abzuschalten bzw. nicht wieder hochzufahren, lief der Reaktor lediglich im Stillstandbetrieb.

Text
▶ Stefan Rettich und Janke Rentrop
Grafik
▶ Janke Rentrop und Benedikt Wirxel
(Universiät Kassel)

Quellen
▶ Kotte, Hans Hermann (2014): Ort mit explosiver Geschichte, in: Fluter, Magazin der Bundeszentrale für politische Bildung, www.fluter.de (01.09.2022)
▶ Ullrich, Janine (2001): Zwangsarbeiter und Kriegsgefangene in Geesthacht unter Berücksichtigung von DAG Düneberg und Krümmel 1939–1945, Münster, Schriftenreihe des Stadtarchivs Geesthacht (StaG), Band 12
▶ Vattenfall (2022): Kernkraftwerk Krümmel, https://powerplants.vattenfall.com (01.09.2022)
▶ Vattenfall (2022): Perspektive Krümmel, https://perspektive-kruemmel.de (01.09.2022)

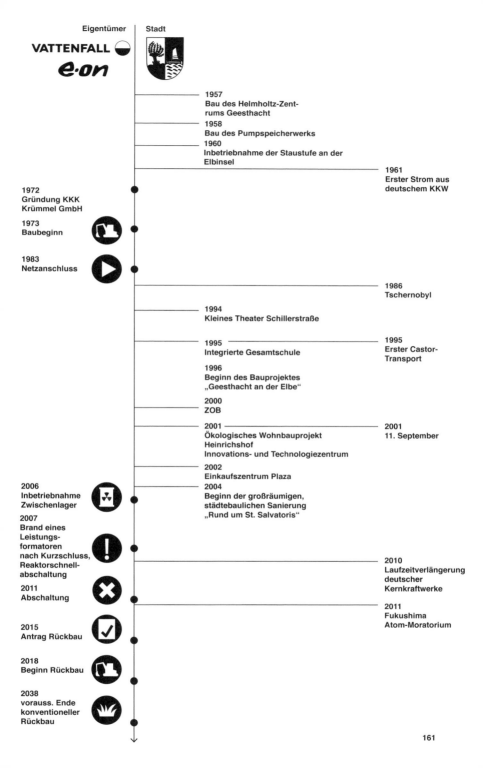

**Eigentümer** | **Stadt**

VATTENFALL
e·on

1957
Bau des Helmholtz-Zentrums Geesthacht

1958
Bau des Pumpspeicherwerks

1960
Inbetriebnahme der Staustufe an der Elbinsel

1961
Erster Strom aus deutschem KKW

1972
Gründung KKK Krümmel GmbH

1973
Baubeginn

1983
Netzanschluss

1986
Tschernobyl

1994
Kleines Theater Schillerstraße

1995
Integrierte Gesamtschule

1995
Erster Castor-Transport

1996
Beginn des Bauprojektes „Geesthacht an der Elbe"

2000
ZOB

2001
Ökologisches Wohnbauprojekt Heinrichshof
Innovations- und Technologiezentrum

2001
11. September

2002
Einkaufszentrum Plaza

2004
Beginn der großräumigen, städtebaulichen Sanierung „Rund um St. Salvatoris"

2006
Inbetriebnahme Zwischenlager

2007
Brand eines Leistungsformatoren nach Kurzschluss, Reaktorschnellabschaltung

2010
Laufzeitverlängerung deutscher Kernkraftwerke

2011
Abschaltung

2011
Fukushima Atom-Moratorium

2015
Antrag Rückbau

2018
Beginn Rückbau

2038
vorauss. Ende konventioneller Rückbau

# Interdependenzen

Das KKK Krümmel war der weltweit größte Siedewasserreaktor, der in der Zeit von 1983 bis zu seiner Abschaltung 2011 in Betrieb war. Eigentümerinnen sind die Vattenfall Europe Nuclear Energy GmbH (50%) und die E.ON Kernkraft GmbH (50%). Da die Elbe große Wassermengen mit sich führt, ist wie bei den Kraftwerken in Brunsbüttel und Brokdorf kein Kühlturm erforderlich. Nach einer Havarie 2007 und gescheiterten Versuchen des Wiederanfahrens ging der Reaktor 2011 im Zuge des Atom-Moratoriums endgültig vom Netz. Seit 2006 wird auf dem Gelände ein Zwischenlager betrieben, in dem Castoren mit Brennstä-

ben gelagert werden, bis ein Endlager zur Verfügung steht. Östlich des Kraftwerks befindet sich das Helmholtz-Zentrum Hereon auf einer Waldlichtung, westlich schließt ein kleines Pumpspeicherwerk an, das den Energiestandort ergänzt. Ein großes Potenzial bietet ein anliegendes Gleis, das noch aus der Zeit der Dynamitfabrik stammt und mit dessen Aktivierung das Areal an das Hamburger ÖPNV-Netz angeschlossen werden könnte.

Geesthacht gehört mit heute gut 31.000 Einwohnern zu den größeren Kernkraftwerkskommunen, bei denen sich die Gewerbesteuereinnahmen, trotz großer Gewinne aus dem Kraftwerk, ausgeglichener gestalten. Daher konnten

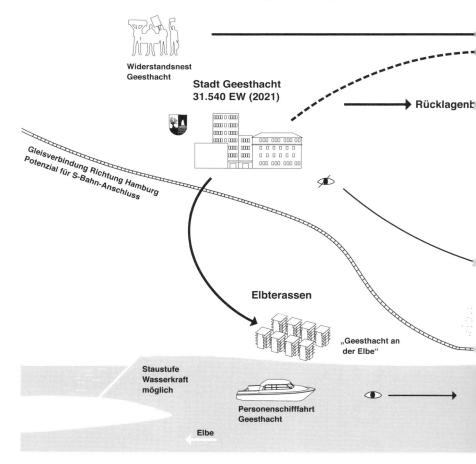

Widerstandsnest
Geesthacht

**Stadt Geesthacht
31.540 EW (2021)**

Rücklagenb

Gleisverbindung Richtung Hamburg
Potenzial für S-Bahn-Anschluss

Elbterassen

„Geesthacht an
der Elbe"

Staustufe
Wasserkraft
möglich

Personenschifffahrt
Geesthacht

Elbe

auch größere Rücklagen gebildet und zugleich Stadterneuerungsmaßnahmen finanziert werden, wie beispielsweise das Projekt „Geesthacht an der Elbe", mit dem das ehemalige Hafenareal zu einem Landschaftspark umgebaut wurde. Ab 2004 wurden zudem die Innenstadt und die Fußgängerzone saniert. Wie bei allen anderen Standorten entfallen seit der Stilllegung allerdings die Impulse für die regionale Wirtschaft aus den jährlichen Revisionen und den damit verbundenen Ausgaben der zusätzlichen Monteure.

Seit der Abschaltung des Kernkraftwerks hat sich auch die Einwohnerzahl positiv entwickelt. Geesthacht ist seither um etwa 3000 Einwohner gewachsen,

was auch auf die Nähe zu Hamburg und gute Wohnlagen an der Elbe zurückzuführen ist. Damit verbunden sind größere Wohnungsbauvorhaben, wie etwa die „Elbterrassen" am Westhafen.

Text
▶ Stefan Rettich und Janke Rentrop
Grafik
▶ Cara Frey und Janke Rentrop (Universität Kassel)

Quellen
▶ Bundesamt für die Sicherheit der nuklearen Entsorgung (2022): Zwischenlager, www.base.bund.de (01.09.2022)
▶ IAEA – Power Reactor Information System (2022): Country Statistics, https://pris.iaea.org/PRIS/CountryStatistics (01.09.2022)
▶ Vattenfall (2022): Kernkraftwerk Krümmel, https://powerplants.vattenfall.com (01.09.2022)
▶ Vattenfall (2022): Perspektive Krümmel, https://perspektive-kruemmel.de (01.09.2022)

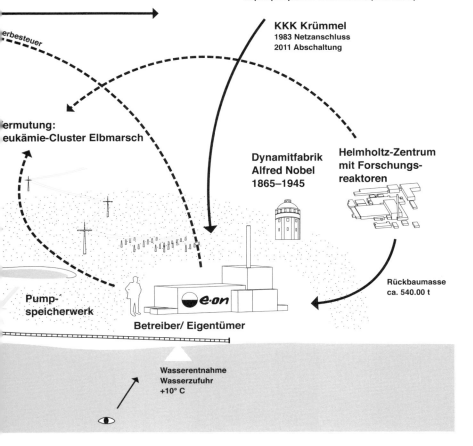

...erbesteuer

KKK Krümmel
1983 Netzanschluss
2011 Abschaltung

...ermutung:
...eukämie-Cluster Elbmarsch

Dynamitfabrik Alfred Nobel 1865–1945

Helmholtz-Zentrum mit Forschungsreaktoren

Rückbaumasse ca. 540.00 t

Pump-speicherwerk

e·on

Betreiber/ Eigentümer

Wasserentnahme
Wasserzufuhr
+10° C

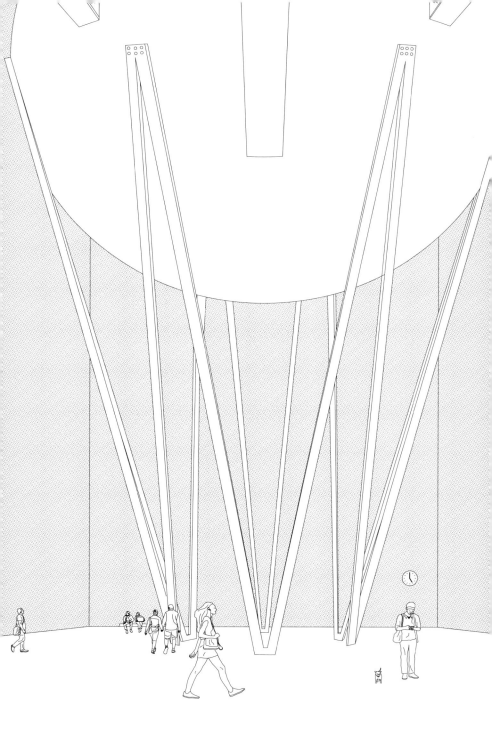

# Friedenscampus

Was wäre, wenn nach der Kernkraft der
Frieden käme?

Von der „Vision einer Welt ohne Kriege"
[Alfred Nobel]

Der Krümmel bei Geesthacht ist ein
geschichtsträchtiges Gelände, das
schon mehrere Phasen der Konversion
durchlebt hat. An diesem Elbhang er-
richtete Alfred Nobel ab 1865 seine erste
Dynamitfabrik außerhalb Schwedens
und erwirtschaftete dort den Grundstock
seines Vermögens für die nach ihm be-
nannte Stiftung. Die friedliche Nutzung
der Kernenergie ist hier ebenfalls seit
langem zu Hause. Bereits 1956 wurden
in unmittelbarer Nachbarschaft – dem
heutigen Helmholtz-Zentrum – zwei
Forschungsreaktoren (FRG 1+2) gebaut
und schließlich ab 1974 das KKK
Krümmel. Mit der Stilllegung bietet sich
nun die Chance, die Topografie des alten
Geesthangs wiederherzustellen und – in
Anlehnung an Nobel – auf den renatu-
rierten Flächen einen Campus für
Friedensforschung zu errichten. In
modularen Gebäudekomplexen, die sich
an die Topografie anpassen, entsteht viel
Raum für Werkstätten, Labore und
Büros, mit Weitblick über die Elbe.
Öffentliche Funktionen fassen den zen-
tralen Campus-Platz, und das alte Kraft-
werksgebäude wird zum Kongress- und
Veranstaltungszentrum umgebaut.
Fortan wird an zwölf Instituten zum Frie-
den geforscht und der zugehörige Nobel-
preis am Krümmel an der Elbe vergeben.

Text und Projekt
▶ Tabea Bühler, Daniel Christen, Anna-Karina
Leathers (Universität Kassel)

Lageplan

Schnitt

**Büro mit Ausblick**

**Weg ins Büro**

# KWB Biblis

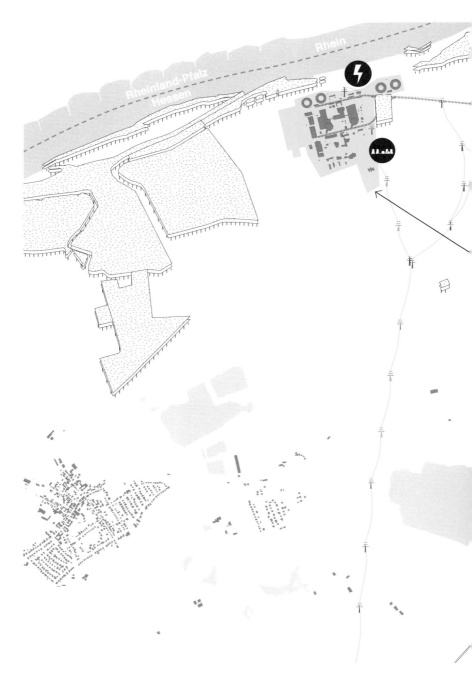

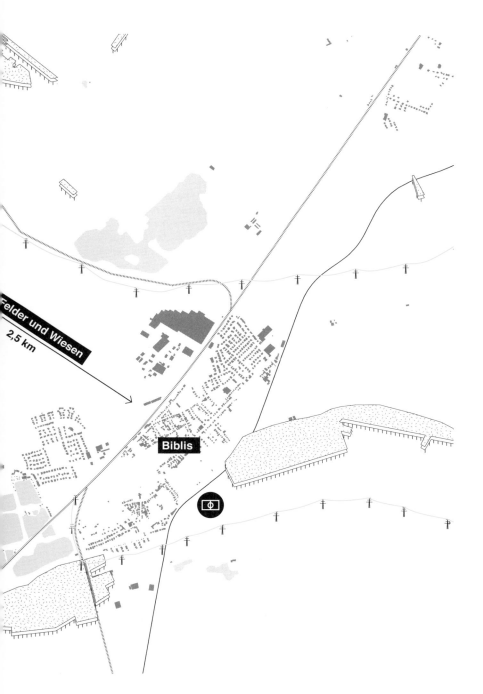

Felder und Wiesen
2,5 km

Biblis

# Biblis – Einstieg in den Ausstieg

Am 12. Dezember 1985 wurde Joseph (Joschka) Martin Fischer in Turnschuhen, Jeans und Sportsakko als hessischer Staatsminister für Umwelt und Energie vereidigt. Es war auch der Tag, an dem mit den Grünen erstmals eine kernenergiekritische Position in die Exekutive eintrat. Auch wenn Fischer grundlegende politische Forderungen wie den Ausstieg aus der Kernenergie damals nicht durchsetzen konnte, so ist doch festzustellen, dass die Anti-Atomkraftbewegung längst kein Nischenphänomen mehr darstellte und in den folgenden Jahrzehnten immer mehr in die gesellschaftliche Mitte rückte: 2002 wurde von der Rot-Grünen Bundesregierung der geordnete Ausstieg aus der Kernenergie beschlossen, und 2011 fielen die beiden Kraftwerksblöcke Biblis A und B als damals älteste im Betrieb befindliche Kernkraftwerke unter das Atom-Moratorium und blieben fortan abgeschaltet.

Biblis war der einzige, aber große hessische Kraftwerksstandort, der ursprünglich mit vier Reaktorblöcken entwickelt werden sollte. Block A war bei seiner Inbetriebnahme 1974 der größte Kernreaktor der Welt. Block B, mit derselben Leistung, folgte bereits 1976. Die Blöcke C und D hingegen wurden nicht realisiert. 1987, ein Jahr nach dem Reaktorunfall in Tschernobyl, kam es in Block A zu einem gefährlichen Störfall, bei dem glücklicherweise keine größeren Schäden für Mensch und Umwelt eintraten. Nach Meinung von Experten hätte aber auch eine Kernschmelze die Folge sein können. Besondere Irritationen rief hervor, dass der Vorfall erst ein Jahr später und nur durch Zufall über eine amerikanische Fachzeitschrift publik wurde. Dies sowie der frühe Aufstieg der Grünen in Hessen machten Biblis – ähnlich wie Brokdorf – zu einem Synonym für die Anti-Atomkraftbewegung. 2010, zum 24. Jahrestag der Katastrophe von Tschernobyl, war Biblis denn auch Austragungsort einer Großdemonstration mit 20.000 Menschen, während zeitgleich zwischen Brunsbüttel und Krümmel eine 120 Kilometer lange Menschenkette gebildet wurde.

Früher war die Region am Oberrhein bekannt für den Anbau und die industrielle Weiterverarbeitung von Gurken. Erzeugnisse der Bibliser Gurkenkonserven-Industrie wurden weltweit exportiert. Ende der 1950er Jahre wurde die Konkurrenz größer und der Industriezweig verschwand nach und nach. Nennenswerte Proteste bei der Standortwahl oder beim Bau der Anlage gab es daher nicht. Im Gegenteil: Biblis und das benachbarte Nordheim wetteiferten aufgrund der hohen zu erwartenden Gewerbesteuereinnahmen um die Ansiedlung des Kraftwerks in dem strukturschwachen Raum zwischen Darmstadt und Mannheim. Während der Planungsphase wurden Nordheim sowie die weitere Nachbargemeinde Wattenheim nach Biblis eingemeindet, sodass die Steuereinnahmen allen Ortsteilen zugute kam. Heute leben etwas mehr als 9000 Personen in Biblis, etwa 10 Prozent mehr als zur Inbetriebnahme von Block A.

Text
► Stefan Rettich und Janke Rentrop
Grafik
► Jasmin Schwerdtfeger (Universität Kassel)
Quellen
► Biblis (2022): Biblis im Spiegel der Zahlen, www.bilbis.eu (01.09.2022)
► Euler, Ralf (2010): Großdemonstration – Atomkraftwerk Biblis wird „umzingelt", in: FAZ.NET, www.faz.net (01.09.2022)
► Haus der Geschichte (2022): Lebendiges Museum Online, Joschka Fischer, www.hdg.de (01.09.2022)
► IAEA – Power Reactor Information System (2022): Country Statistics, https://pris.iaea.org/PRIS/CountryStatistics (01.09.2022)
► Rhein-Neckar-Industriekultur e. V. (2022): Gurkenfabrik Biblis, www.rhein-neckar-industriekultur.de (01.09.2022)
► WDR (2012): 16. Dezember 1987 – Störfall im Atomkraftwerk Biblis, www1.wdr.de (01.09.2022)

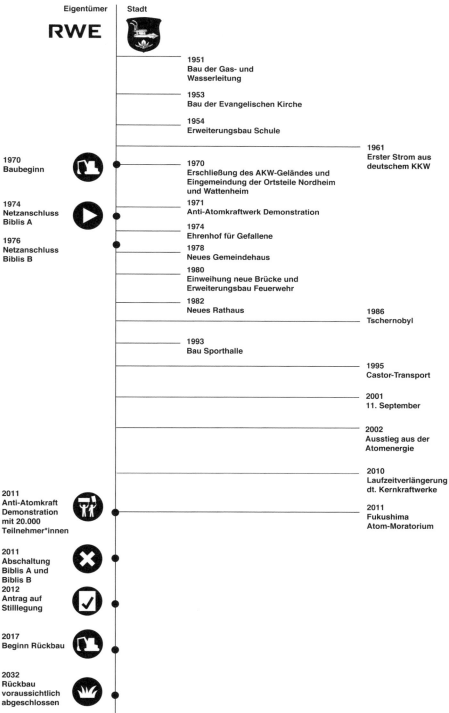

Eigentümer | Stadt

**RWE**

1951
Bau der Gas- und
Wasserleitung

1953
Bau der Evangelischen Kirche

1954
Erweiterungsbau Schule

1961
Erster Strom aus
deutschem KKW

1970
Baubeginn

1970
Erschließung des AKW-Geländes und
Eingemeindung der Ortsteile Nordheim
und Wattenheim

1974
Netzanschluss
Biblis A

1971
Anti-Atomkraftwerk Demonstration

1974
Ehrenhof für Gefallene

1976
Netzanschluss
Biblis B

1978
Neues Gemeindehaus

1980
Einweihung neue Brücke und
Erweiterungsbau Feuerwehr

1982
Neues Rathaus

1986
Tschernobyl

1993
Bau Sporthalle

1995
Castor-Transport

2001
11. September

2002
Ausstieg aus der
Atomenergie

2010
Laufzeitverlängerung
dt. Kernkraftwerke

2011
Anti-Atomkraft
Demonstration
mit 20.000
Teilnehmer*innen

2011
Fukushima
Atom-Moratorium

2011
Abschaltung
Biblis A und
Biblis B

2012
Antrag auf
Stilllegung

2017
Beginn Rückbau

2032
Rückbau
voraussichtlich
abgeschlossen

173

# Interdependenzen

Bei den beiden realisierten Blöcken des KWB Biblis handelt es sich um Druckwasserreaktoren, die in der Zeit von 1974 bzw. 1976 bis zu ihrer Abschaltung 2011 in Betrieb waren. Eigentümerin ist die RWE Power AG (100%). Bereits ein Jahr später wurde der Antrag auf Stilllegung und Abbau gestellt, der 2017 be-willigt wurde. Geplant ist, den atomaren Rückbau bis 2032 abzuschließen. Auf dem Kraftwerksgelände wird seit 2006 auch ein Zwischenlager betrieben, das bis 2046 genehmigt ist.

Während der Betriebszeit konnte die Stadt Biblis durch das Kraftwerk im Durchschnitt etwa 2,5 Millionen Euro an Gewerbesteuern generieren, und 1993 wurde von RWE der Bau einer Sport- und Mehrzweckhalle finanziert, die in das kommunale Eigentum übergegangen ist. Wie auch an den anderen Standorten konnte die Region von den zusätzlichen, etwa 1000 Fachkräften profitieren, die während der jährlichen Revision nach Biblis kamen. Die Auswirkungen der Stilllegung und des Wegfalls der hohen Einnahmen aus der Gewerbesteuer sind hier deutlich zu spüren, weshalb in der kommunalen Verwaltung Stellen abgebaut werden mussten. Ergänzend musste die Grundsteuer angehoben werden, um einen ausgeglichenen Haushalt sicherzustellen.

Westlich schließt der unter Naturschutz stehende Steiner Wald von Nordheim an das Gelände an. Seit 2015 gehört Biblis zudem zum UNESCO Geo-Naturpark Bergstraße-Odenwald –

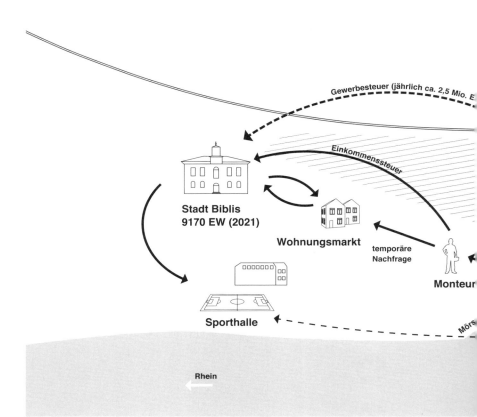

ein weiterer Beleg für die landschaftlich besondere Lage des Kraftwerks in der Oberrheinischen Tiefebene, für das es heute an dieser Stelle wohl keine Genehmigung mehr geben würde. Umso mehr verwundert es, dass für den Bau eines Gasturbinenwerks, das 2022 auf dem Gelände fertiggestellt werden soll, eine Genehmigung erteilt wurde – auch wenn die Anlage lediglich als Reservekraftwerk dienen und so die Netzstabilität bei Stromausfällen oder -unterversorgung gewährleisten soll. Betreiberin ist wiederum die RWE AG.

Text
▶ Stefan Rettich und Janke Rentrop
Grafik
▶ Emine Büsra Uysal (Universität Kassel)

Quellen
▶ Biblis (2022): Pfaffenau-Halle, www.biblis.eu (01.09.2022)
▶ Biblis (2022): Pfaffenau-Halle, www.biblis.eu (01.09.2022)
▶ Bundesamt für die Sicherheit der nuklearen Entsorgung (2022): Zwischenlager, www.base.bund.de (01.09.2022)
▶ Götte, Jana et al. im Gespräch mit Bürgermeister Felix Kusicka (2019): Interview im Rahmen des Seminars „Nach der Kernkraft" an der Universität Kassel, Biblis, 16.05.2019
▶ IAEA – Power Reactor Information System (2022): Country Statistics, https://pris.iaea.org/PRIS/CountryStatistics/ (01.09.2022)
▶ RWE (2022): Gasturbinenkraftwerk Biblis, www.rwe.com/forschung-und-entwicklung (01.09.2022)
▶ RWE (2022): Rückbauanlage Biblis, www.rwe.com (01.09.2022)
▶ UNESCO (2022): UNESCO Geo-Naturpark Bergstraße-Odenwald, https://geo-naturpark.net (01.09.2022)

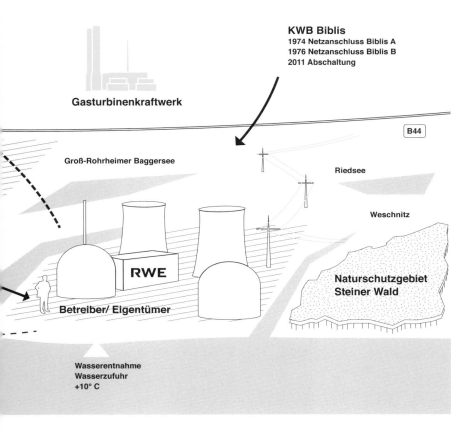

Gasturbinenkraftwerk

KWB Biblis
1974 Netzanschluss Biblis A
1976 Netzanschluss Biblis B
2011 Abschaltung

B44

Groß-Rohrheimer Baggersee

Riedsee

Weschnitz

RWE

Naturschutzgebiet Steiner Wald

Betreiber/ Eigentümer

Wasserentnahme
Wasserzufuhr
+10° C

# Lebenskraftwerk

**Was wäre, wenn ein Kernkraftwerk Habitat für bedrohte Tier- und Pflanzenarten würde?**

Biblis gehört zu den Standorten, die stark von Protesten geprägt waren. Verständlich wird dies unter anderem durch den speziellen Naturraum, in dem auch jede andere Industrie fremd wirken würde. Die Lage im Oberrheinischen Tiefland ist durch klimatische Bedingungen geprägt, die sich auf besondere Weise für den Anbau von Wein und agrarischen Genussmitteln eignen. Das Kraftwerk selbst liegt eingebettet in Landwirtschaft, Natur- und Vogelschutzgebiete und gehört überdies zum UNESCO-Geopark Bergstraße-Odenwald. In diesem Kontext wirkt das 30 Hektar große Kraftwerksgelände wie ein fehlendes Puzzleteil im Landschaftsraum. Hier setzt das Projekt an – denn ein kompletter Rückbau auf die grüne Wiese hätte fatale Folgen für die Ökobilanz: Von den insgesamt 340.000 Tonnen sind nur ca. zwei Prozent radioaktiv kontaminiert und müssen zwingend in die Endlagerung. Das übrige Material müsste aufwendig rückgebaut und mit rund 19.000 LKW-Fahrten konventionell entsorgt werden. Stattdessen wird die Fläche in Teilbereiche aufgegliedert, in denen der Prozess einer natürlichen Rückeroberung landschaftsplanerisch eingeleitet wird. Dies geschieht nach den Prinzipien Wiederverwendung, Impulssetzung und Verbindung der Akzente. Langzeitziel sind begehbare Habitate für bedrohte Tier- und Pflanzenarten. Das umkämpfte Terrain geht dabei sukzessive in eine „naturräumliche Archäologie" der Kernkraft über.

Text und Projekt
▶ Rina Gashi, Theresa Heise, Christian Kern und Benedikt Wirxel (Universität Kassel)

Ibersheim

KBR

Bilbis

**Ein fehlendes Puzzelteil im Landschaftsraum**

**Perspektive Schollenfeld**

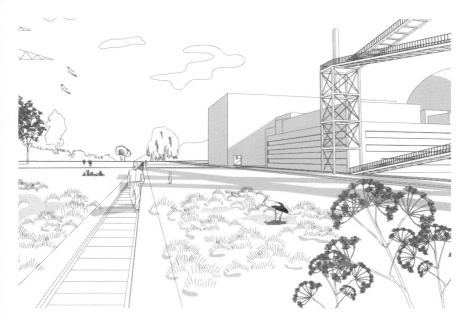

**Perspektive Feuchtwiese**

**Perspektive Kleingewässer**

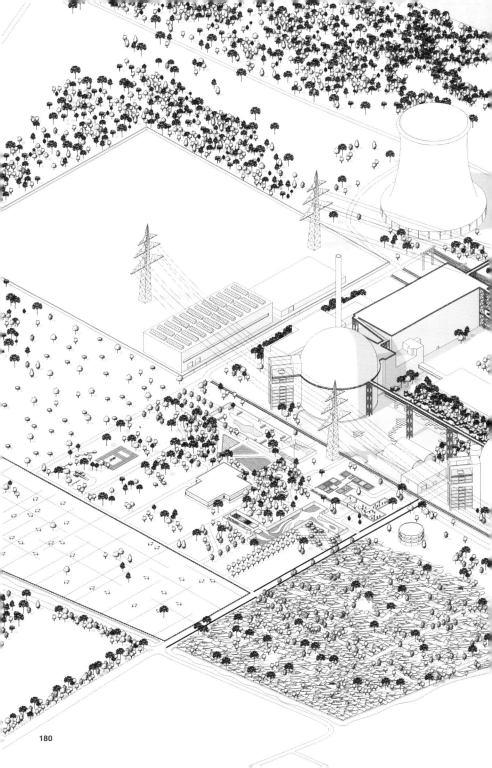

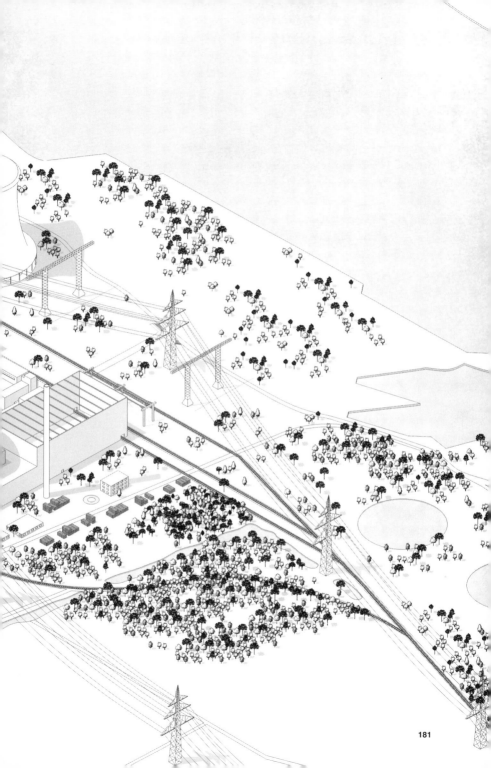

# KRB Gundremmingen

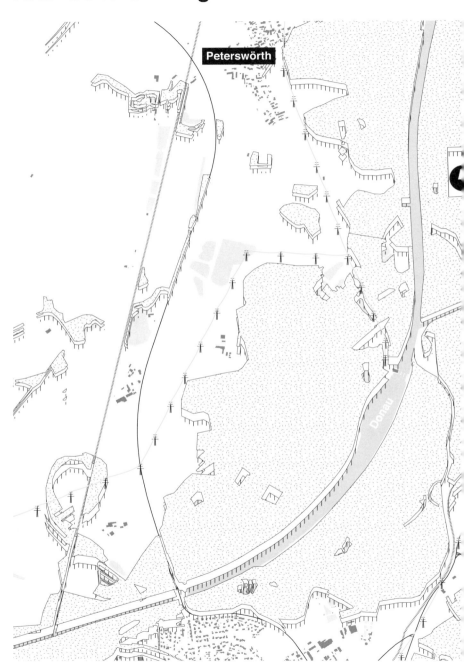

Peterswörth

Donau

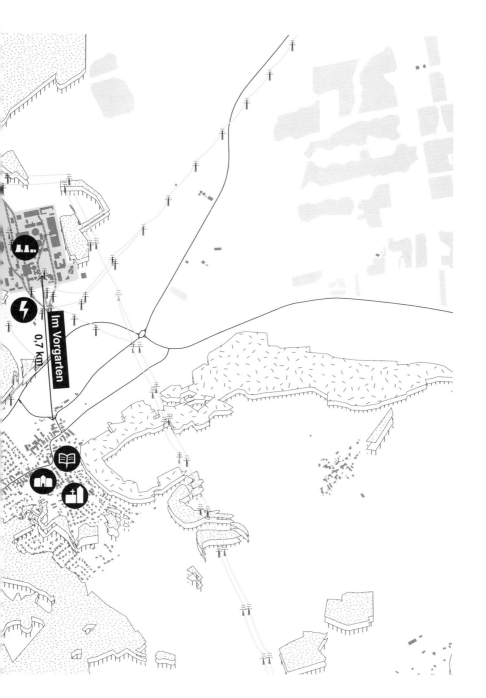

Im Vorgarten

0,7 km

# Gundremmingen –
# Atom im Wappen

Im Zimmer des Bürgermeisters rahmt ein Fenster den Blick auf das Werk, es macht den Eindruck, als hinge es wie ein Gemälde an der Wand. In Gundremmingen ist man stolz auf das KRB mit seinen beiden riesigen Kühltürmen – in jedem von ihnen könnte man das Westwerk des Kölner Doms verstauen. So stolz, dass man 1970 ein Atomsymbol in das Stadtwappen aufgenommen hat. Die Eigenschaft einer Landmarke ist hier in der flachen Landschaft besonders ausgeprägt. Die Türme markieren Gundremmingen von fern aus allen Richtungen, und auch in der kleinen Ortschaft selbst wohnt man „mit Kühlturmblick".

Es gibt einen weiteren Superlativ: Die beiden Blöcke B und C haben im Vergleich aller deutscher Reaktoren mit beinahe 660 Terrawattstunden mit Abstand am meisten Strom produziert. Im Vollbetrieb konnten gut 25 Prozent der Gesamtstromversorgung Bayerns abgedeckt werden. Eine Erfolgsgeschichte, wäre da nicht Block A – denn am 13. Januar 1977 ereignete sich in dem Reaktor der größte Unfall in der deutschen Kernkraftgeschichte. Ein Defekt in einer Hochspannungsleitung löste einen Kurzschluss aus, in dessen Folge eine Schnellabschaltung eingeleitet und Kühlwasser in den Reaktor gepumpt wurde. Der Druck stieg, Sicherheitsventile öffneten sich und radioaktiver Dampf trat aus. Es ist bis heute nicht geklärt, ob und wieviel Radioaktivität dadurch in die Atmosphäre gelangt ist. Der Reaktor stand jedoch drei Meter hoch unter Wasser, und die Anlage war dadurch sowie durch den Wasserdampf, der sich ausgebreitet hatte, stark kontaminiert. Der Störfall wurde so zum wirtschaftlichen Totalschaden – Block A

ging nicht mehr ans Netz. Dafür aber die beiden anderen Blöcke, mit deren Bau ein Jahr zuvor begonnen wurde. Nennenswerte Proteste aus dem Ort gab es trotzdem nie. Aber Kernkraftgegner aus der Region treffen sich seit 1989 jede Woche zu einer friedlichen, sonntäglichen Mahnwache vor dem Kraftwerk.

Durch den hohen Stromumsatz konnte Gundremmingen in der Spitze bis zu neun Millionen Euro an Gewerbesteuern pro Jahr erzielen, die neben dem Aufbau von Rücklagen auch dem Ort zugute kamen. Man könnte fast von einem Stadtentwicklungs- und Stadterneuerungsprogramm sprechen, das vom Kraftwerk mitangetrieben wurde. Allerdings ist in Zukunft verstärkt auf den demografischen Wandel zu achten, der mit dem veränderten Arbeitsmarkt einhergeht. Seit dem Beschluss zum Atomausstieg 2011 hat Gundremmingen einen Bevölkerungsrückgang von mehr als 10 Prozent zu verzeichnen und aktuell nur noch 1352 Einwohner.

Text
▶ Stefan Rettich und Janke Rentrop
Grafik
▶ Anna-Lena Baier und Nils Stoya
(Universität Kassel)

Quellen
▶ Bayerisches Landesamt für Statistik (2022): Statistik kommunal 2021, Gemeinde-Gundremmingen_2022, www.statistik.bayern.de (01.09.2022)
▶ IAEA – Power Reactor Information System (2022): Country Statistics, https://pris.iaea.org/PRIS/CountryStatistics (01.09.2022)
▶ RWE (2022): Rückbauanlage Gundremmingen, www.rwe.com (01.09.2022)
▶ Weidl, Joseph (2017): Vor 40 Jahren. Historischer Störfall im Atomkraftwerk Gundremmingen, www.br.de (01.09.2022)
▶ Weiß, Lisa (2017): Kernkraftwerk Gundremmingen – Nach und nach kam die Wahrheit ans Licht, www.deutschlandfunk.de (01.09.2022)

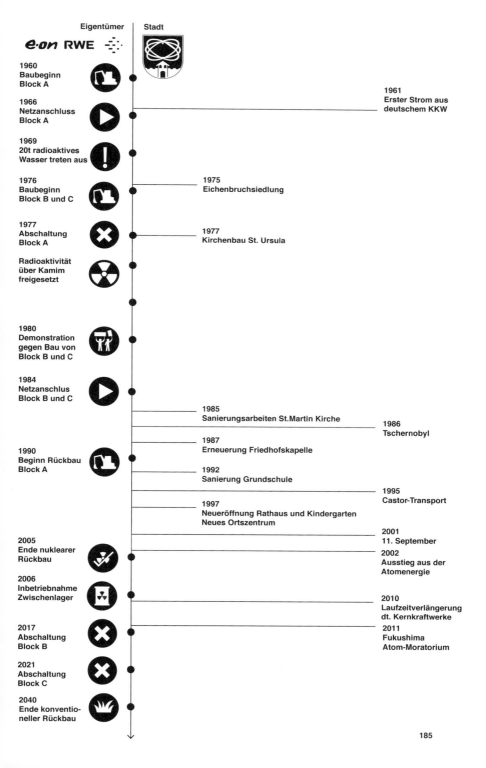

**Eigentümer** | **Stadt**

e·on RWE

1960
Baubeginn
Block A

1961
Erster Strom aus
deutschem KKW

1966
Netzanschluss
Block A

1969
20t radioaktives
Wasser treten aus

1976
Baubeginn
Block B und C

1975
Eichenbruchsiedlung

1977
Abschaltung
Block A

1977
Kirchenbau St. Ursula

Radioaktivität
über Kamim
freigesetzt

1980
Demonstration
gegen Bau von
Block B und C

1984
Netzanschlus
Block B und C

1985
Sanierungsarbeiten St.Martin Kirche

1986
Tschernobyl

1987
Erneuerung Friedhofskapelle

1990
Beginn Rückbau
Block A

1992
Sanierung Grundschule

1995
Castor-Transport

1997
Neueröffnung Rathaus und Kindergarten
Neues Ortszentrum

2001
11. September

2005
Ende nuklearer
Rückbau

2002
Ausstieg aus der
Atomenergie

2006
Inbetriebnahme
Zwischenlager

2010
Laufzeitverlängerung
dt. Kernkraftwerke

2017
Abschaltung
Block B

2011
Fukushima
Atom-Moratorium

2021
Abschaltung
Block C

2040
Ende konventio-
neller Rückbau

# Interdependenzen

Bei den drei Blöcken des KRB Gundremmingen handelt es sich um Siedewasserreaktoren, wobei Block A schon nach einer Laufzeit von elf Jahren havarierte und abgeschaltet werden musste. Die Blöcke B und C waren in der Zeit von 1984 bis 2017 bzw. bis 2021 in Betrieb. Beide Blöcke befinden sich im Eigentum der RWE Power AG (75%). Minderheitseignerin von Block B ist die E.ON Kernkraft GmbH (25%) – von Block C die PreussenElektra GmbH (25%). Auf dem Kraftwerksgelände wird zudem seit 2006 ein Zwischenlager betrieben.

Bei der Standortsuche in den 1960er Jahren war neben der Lage an der Donau von Bedeutung, dass Gundremmingen leicht erhöht liegt und damit ein natürlicher Hochwasserschutz gegeben war. Die Anlage selbst, die sich nördlich der Ortschaft befindet, wurde zudem nicht direkt am Ufer gebaut, sondern ist über einen etwa 700 Meter langen Werkskanal mit dem Fluss verbunden.

1975 wurde die Eichbrunnensiedlung errichtet, eine Werkssiedlung für Angestellte von Block A mit 40 Wohneinheiten. Zudem wurden während des Kraftwerkbetriebs in der Zeit von 1971 bis 1997 umfängliche Erneuerungsmaßnahmen im öffentlichen Raum durchgeführt, unter anderem die Neugestaltung der Ortsmitte mit der Kirche St.

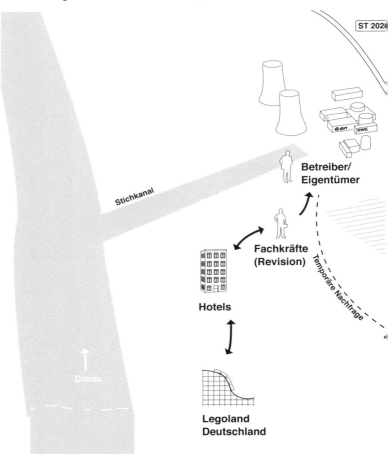

Martin, der Grundschule und einem Rathausneubau.

Schon heute werden Gewerbeflächen um den Kraftwerksstandort neu entwickelt. Unmittelbar südlich der Anlage wurde ein Holzwerk errichtet und im östlichen Bereich des Grundstücks ist ein Gasturbinenkraftwerk geplant. Damit könnte die Zukunft wiederum in einer energetischen Nutzung liegen. Die entsprechenden Infrastrukturen liegen ja bereits vor. Die Schwächung von Unterkünften und Beherbergungsbetrieben durch den Wegfall von Revisionen und der zugehörigen Facharbeiter glaubt man durch das nahe LEGOLAND in Günzburg ausgleichen zu können.

Text
► Stefan Rettich und Janke Rentrop
Grafik
► Anna-Lena Baier und Nils Stoya
(Universität Kassel)

Quellen
► Bundesamt für die Sicherheit der nuklearen Entsorgung (2022): Zwischenlager, www.base.bund.de (01.09.2022)
► IAEA – Power Reactor Information System (2022): Country Statistics, https://pris.iaea.org/PRIS/CountryStatistics (01.09.2022)
► RWE (2022): Rückbauanlage Gundremmingen, www.rwe.com (01.09.2022)

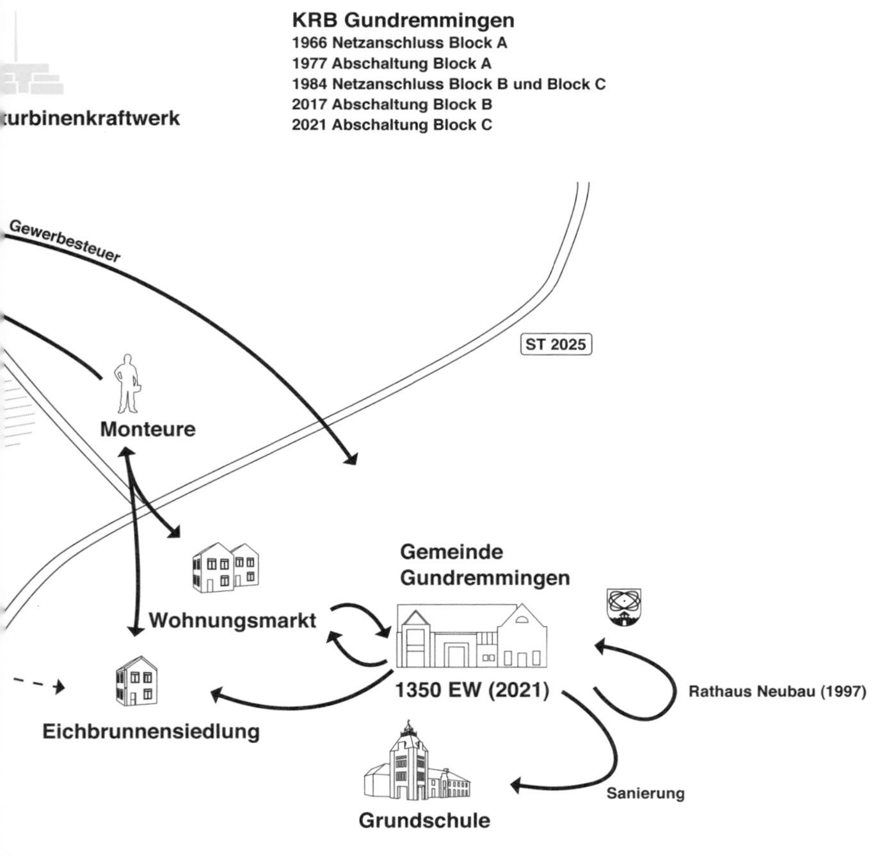

## KRB Gundremmingen
1966 Netzanschluss Block A
1977 Abschaltung Block A
1984 Netzanschluss Block B und Block C
2017 Abschaltung Block B
2021 Abschaltung Block C

turbinenkraftwerk

Gewerbesteuer

ST 2025

Monteure

Gemeinde Gundremmingen

Wohnungsmarkt

1350 EW (2021)

Rathaus Neubau (1997)

Eichbrunnensiedlung

Sanierung

Grundschule

# DAS WERK

**Was wäre, wenn aus einem Kernkraftwerk ein Werkraum für Kunst und Handwerk entstünde?**

**Das Kernkraftwerk Gundremmingen hat eine außerordentliche Lagegunst – der Naturraum an der Donau liegt unweit der Achse Ulm–Augsburg–München an der A8 und ist damit in einen prosperierenden Wirtschaftsraum mit zahlreichen Kunst- und Kultureinrichtungen eingebunden. Die beiden 160 Meter hohen Kühltürme sind sein Signet, mit beispielloser Fernwirkung. Drei Leitideen gliedern den Konversionsgedanken: Kunst & Handwerk, Wald & Lichtung sowie Bühne & Backstage. Erhalten werden alle Reaktorgebäude, Maschinenhallen und Kühltürme. Sie werden durch ein neues fünf Meter hohes Plateau aus Ateliers und Handwerksbetrieben zusammengeschnürt. Innenhöfe im Plateau schaffen Licht und bündeln die neuen Nutzungen nach Themen. Teilweise werden die Höfe durch die großmaßstäblichen Bestandsbauwerke gebildet. Komplett entkernt und ohne Dach inszenieren sie den Himmel und bieten Raum für besondere Open-Air-Veranstaltungen. Die Kühltürme werden als einzigartige Ausstellungsräume für Großinstallationen umgedeutet. Zwischen ihnen und dem Plateau spannt sich ein großzügiger, grüner Freiraum auf, der die Besucher empfängt und Orientierung schafft. Der Saum der Anlage wird renaturiert, sodass DAS WERK wie auf der Lichtung eines Waldes steht.**

Text und Projekt
▶ Sophie Dornieden, Mariolina Herfeld, Nannette
Peters und Nuoqi Wang (Universität Kassel)

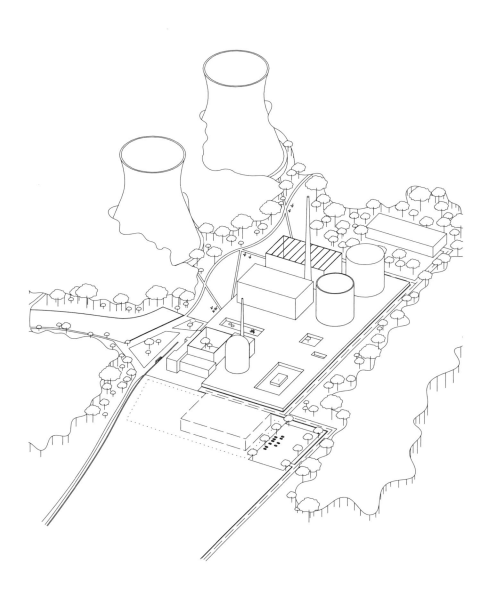

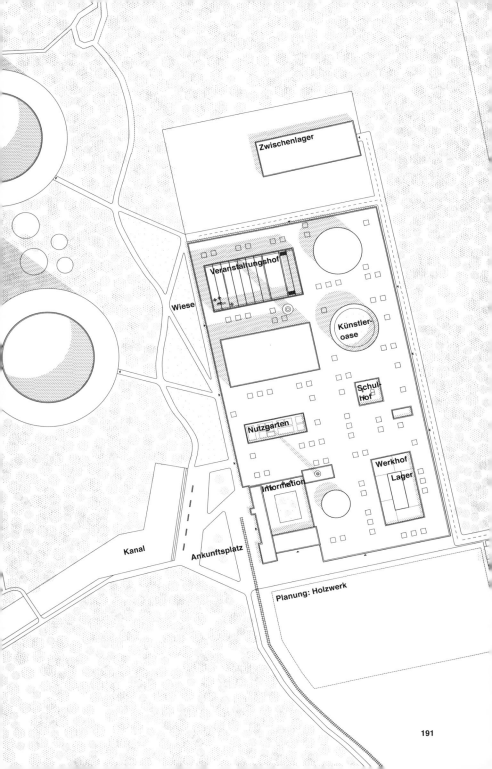

Zwischenlager

Veranstaltungshof

Künstler-
oase

Wiese

Schul-
hof

Nutzgarten

Werkhof

Lager

Information

Kanal

Ankunftsplatz

Planung: Holzwerk

191

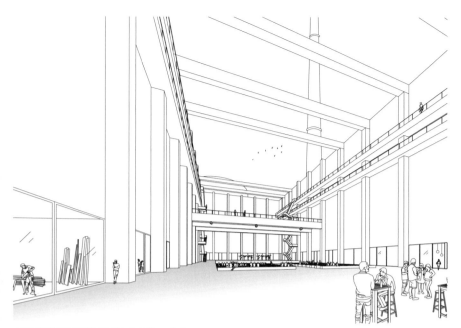

**Perspektive Maschinenhalle als offener Hof**

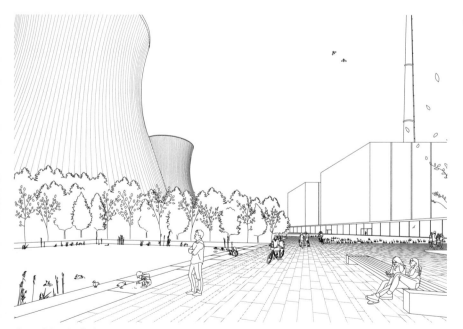

**Perspektive des Freiraums**

# RECIRCLE THE MACHINE

**Was wäre, wenn aus Kilowattstunden Kalorien würden?**

**Kernkraftwerke standen immer synonym für Risiko und Gefahr für Mensch und Natur. Dieses Negativbild kehrt das Projekt radikal um. Mit multiplen Kreislaufsystemen werden der industrielle Gebäudebestand und seine Freiräume in einen Ort für innovative Lebensmittelproduktion, zukunftsorientierte Agrarforschung und die Erzeugung erneuerbarer Energien transformiert. Das Umfeld der Reaktorgebäude und Maschinenhallen wird in Versuchsfelder für die Agrarforschung umgewandelt. Anfallende Pflanzenabfälle speisen eine benachbarte Biogasanlage, die wiederum Dünger für den Lebensmittelanbau hervorbringt. Das erzeugte Gas wird an ein Gasturbinenkraftwerk in den früheren Maschinenhäusern geleitet, das Strom für den Betrieb der gesamten Anlage liefert. Im Mittelpunkt stehen die Kühltürme – in vertikalen Aquaponik-Farmen werden Fische in Aquakultur und Nutzpflanzen in Hydrokultur gezüchtet. Bei dem Verfahren werden die Abfälle bzw. die Produkte der einen Kultur als Nährstoffe für die jeweils andere Kultur eingesetzt. Im Fischbecken und in den Hochregalen der Kühltürme können jährlich ca. 7,5 Tonnen Fisch und 45.000 Tonnen an Gemüse und Kräutern für die bevölkerungsreiche und wachsende Region hergestellt werden. Die Tomate im Münchner Supermarkt kommt künftig nicht mehr aus den Niederlanden, Italien oder Spanien, sondern aus Gundremmingen.**

Projekt und Text
▶ Jana Götte, Vinciane Jacobs und Jasmin Schwerdtfeger (Universität Kassel)

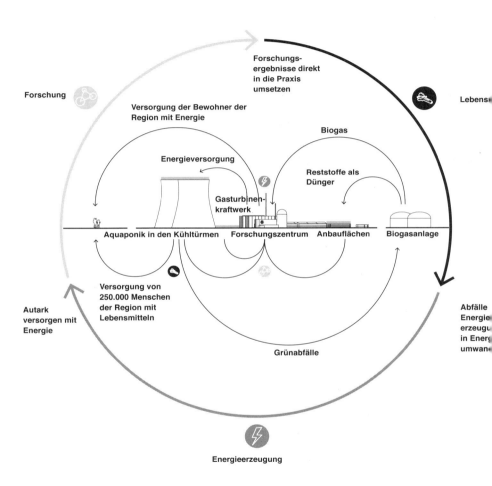

Forschung

Forschungs-
ergebnisse direkt
in die Praxis
umsetzen

Lebens█

Versorgung der Bewohner der
Region mit Energie

Biogas

Energieversorgung

Reststoffe als
Dünger

Gasturbinen-
kraftwerk

Aquaponik in den Kühltürmen    Forschungszentrum    Anbauflächen    Biogasanlage

Autark
versorgen mit
Energie

Versorgung von
250.000 Menschen
der Region mit
Lebensmitteln

Abfälle
Energie█
erzeugu█
in Energ█
umwan█

Grünabfälle

Energieerzeugung

Generierung von Kreisläufen

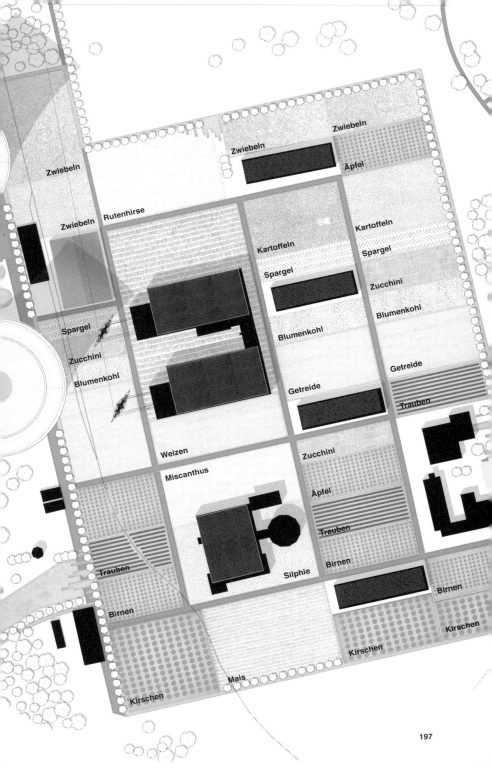

Zwiebeln

Zwiebeln

Zwiebeln

Zwiebeln

Äpfel

Rutenhirse

Kartoffeln

Kartoffeln

Spargel

Spargel

Zucchini

Blumenkohl

Spargel

Zucchini

Blumenkohl

Blumenkohl

Getreide

Getreide

Trauben

Weizen

Miscanthus

Zucchini

Äpfel

Trauben

Trauben

Birnen

Birnen

Silphie

Birnen

Birnen

Kirschen

Kirschen

Mais

Kirschen

197

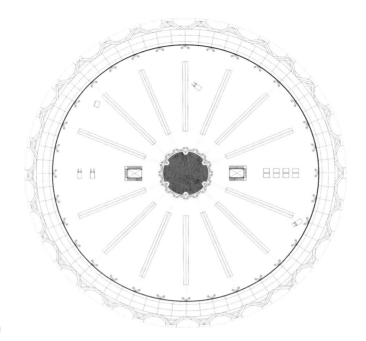

**Ebene 01**

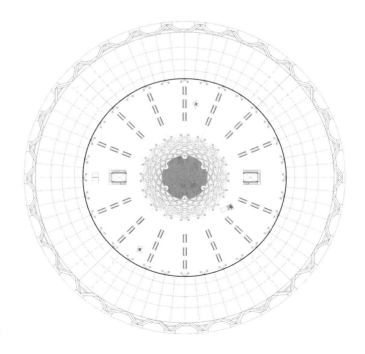

**Ebene 08**

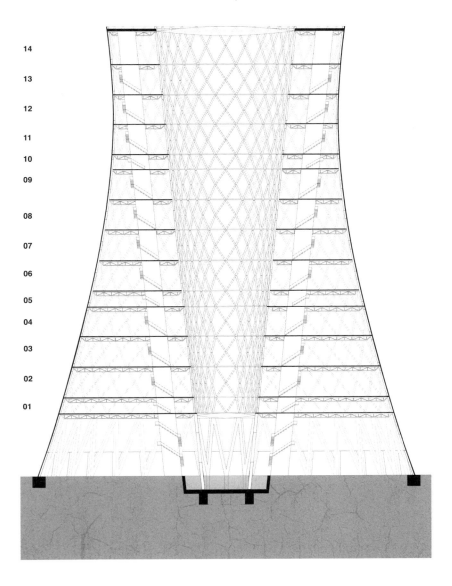

14

13

12

11

10

09

08

07

06

05

04

03

02

01

# Tableau

| Stadt | Kraftwerk | Gewässer | Bundesland | Betreiber |
|---|---|---|---|---|
| | KKR Rheinsberg | Nehmitzsee u. Großer Stechlingsee | Brandenburg | Energiewerke Nord GmbH |
| | KRB Gundremmingen | Donau | Bayern | Kernkraftwerke Gundremmingen Betriebs- gesellschaft mbH |
| | KWL Lingen | Ems | Niedersachsen | Kernkraftwerk Lingen GmbH |
| | KWO Obrigheim | Neckar | Baden- Württemberg | EnBW Kernkraft GmbH |
| | KWW Würgassen | Weser | Nordrhein- Westfalen | Preussen Elektra GmbH |
| | KKS Stade | Elbe | Niedersachsen | E.ON Kernkraft GmbH |
| | KKN Niederaichbach | Isar | Bayern | Bayernwerk AG |
| | KGR Greifswald | Greifswalder Bodden | Mecklenburg- Vorpommern | Energiewerke Nord GmbH |
| | KWB Biblis | Rhein | Hessen | RWE Power AG |
| | GKN Neckar- westheim | Neckar | Baden- Württemberg | EnBW Kernkraft GmbH |
| | KKB Brunsbüttel | Elbe | Schlwesig- Holstein | Kernkraftwerk Brunsbüttel GmbH & Co. oHG |

| Footprint | Fläche | Typ | Strommenge | Laufzeit |
|---|---|---|---|---|
| | 21,5 ha | Druckwasser-reaktor | 9 TWh | 1966 – 1990 |
| | 34 ha | Siedewasser-reaktor | 673 TWh | Block A 1966 – 1977<br>Block B 1984 – 2017<br>Block C 1984 – 2021 |
| | 35,6 ha | Siedewasser-reaktor | 9 TWh | 1968 – 1977 |
| | 7 ha | Druckwasser-reaktor | 87 TWh | 1968 – 2005 |
| | 28,6 ha | Siedewasser-reaktor | 70 TWh | 1971 – 1994 |
| | 13,3 ha | Druckwasser-reaktor | 146 TWh | 1972 – 2003 |
| | 7 ha | Druckröhren-reaktor | 0,015 TWh | 1972 – 1974 |
| | 215 ha | Druckwasser-reaktor | 134 TWh | Block 1 1973 – 1990<br>Block 2 1974 – 1990<br>Block 3 1977 – 1990<br>Block 4 1979 – 1990<br>Block 5 1989 – 1989 |
| | 33,1 ha | Druckwasser-Reaktor | 480 TWh | Biblis A 1974 – 2011<br>Biblis B 1976 – 2011 |
| | 33,7 ha | Druckwasser-reaktor | 526 TWh | Neckarwestheim I<br>1976 – 2011<br>Neckarwestheim II<br>1989 – 2023 |
| | 45,8 ha | Siedewasser-reaktor | 120 TWh | 1976 – 2011 |

| Stadt | Kraftwerk | Gewässer | Bundesland | Betreiber |
|---|---|---|---|---|
| | KKI Isar (Essenbach) | Isar | Bayern | E.ON Kernkraft GmbH, PreussenElektra GmbH |
| | KKU Unterweser (Stadland) | Weser | Niedersachsen | E.ON Kernkraft-werk GmbH |
| | KKP Philippsburg | Rhein | Baden-Württemberg | EnBW Kernkraft GmbH |
| | KKG Grafenrheinfeld | Alter Main | Bayern | E.ON Kernkraft-werk GmbH |
| | KKK Krümmel | Elbe | Schleswig-Holstein | Kernkraftwerk Krümmel GmbH & Co. oHG |
| | KWG Grohnde | Weser | Niedersachsen | Preussen Elektra GmbH |
| | THTR-300 Hamm-Uentrop | Datteln-Hamm-Kanal | Nordrhein-Westfalen | Hoch-temperatur-Kernkraftwerk GmbH (HKG) |
| | KBR Brokdorf | Elbe | Schleswig-Holstein | PreussenElektra GmbH |
| | KMK Mülheim-Kärlich | Rhein | Rheinland-Pfalz | RWE Power AG |
| | KKE Emsland | Ems | Niedersachsen | Kernkraftwerke Lippe-Ems GmbH |

| Footprint | Fläche | Typ | Strommenge | Laufzeit |
|-----------|--------|-----|------------|----------|
| | 42,9 ha | Druckwasser- und Siede- wassereaktor | 566 TWh | Isar I 1977 – 2011 Isar II 1988 – 2023 |
| | 42 ha | Druckwasser- reaktor | 290 TWh | 1978 – 2011 |
| | 58,3 ha | Druckwasser- und Siede- wassereaktor | 545 TWh | Philippsburg I 1979 – 2011 Philippsburg II 1984 – 2019 |
| | 38 ha | Druckwasser- reaktor | 316 TWh | 1981 – 2015 |
| | 8 ha | Siedewasser- reaktor | 202 TWh | 1983 – 2011 |
| | 24,8 ha | Druckwasser- reaktor | 387 TWh | 1984 – 2021 |
| | 73,4 ha | Thorium- Hochtemperatur- reaktor | 3 TWh | 1985 – 1988 |
| | 24,6 ha | Druckwasser- reaktor | 364 TWh | 1986 – 2021 |
| | 37,2 ha | Druckwasser- reaktor | 10 TWh | 1986 – 1988 |
| | 37,3 ha | Druckwasser- reaktor | 361 TWh | 1988 – 2023 |

# Biografien

**Stefan Rettich** (*1968) ist Architekt und Professor für Städtebau an der Universität Kassel. Von 2011 bis 2016 war er Professor für Theorie und Entwerfen an der Hochschule Bremen, zuvor lehrte er vier Jahre am Bauhaus Kolleg in Dessau. Er ist Gründungspartner und Mitinhaber von KARO* architekten.

**Janke Rentrop** (*1994) hat Stadt- und Regionalplanung mit Vertiefung Städtebau studiert. Sie ist Wissenschaftliche Mitarbeiterin am Fachgebiet Städtebau an der Universität Kassel. Sie forscht dort zur Nachnutzung von Kernkraftwerken und zu Mobilitätskonzepten für den ländlichen Raum.

**Michael Bastgen** (*1987) ist Bauingenieur und Denkmalpfleger. Er ist Promotionsstudent im DFG-Graduiertenkolleg „Kulturelle und technische Werte historischer Bauten" und war Wissenschaftlicher Mitarbeiter am Lehrstuhl für Bautechnikgeschichte und Tragwerkserhaltung der BTU Cottbus. Bei ICOMOS – dem Internationalen Rat für Denkmalpflege – war er stellvertretender Sprecher der deutschen Arbeitsgruppe 2020 und er ist Vorstandsmitglied der Gesellschaft für Bautechnikgeschichte. Seit 2021 ist er Technischer Leiter der Dombauhütte Köln.

**Tim Edler** (*1965) studierte Informatik und Architektur an der TU Berlin und gründete mit seinem Bruder Jan zunächst die Gruppe „Kunst und Technik" und dann im Jahr 2000 das Design- und Architekturbüro realities:united in Berlin. Projekte des Büros wurden unter anderem im MoMA in New York und auf der Biennale in Venedig gezeigt. Edler lehrte unter anderem am Pasadena Art Center College in Los Angeles, war Gastprofessor an der Hochschule der Künste Bremen sowie an der Universität der Künste Berlin.

**Elke Göttsche** (*1951) ist in Brokdorf aufgewachsen und hat eine Meisterprüfung in Ländlicher Hauswirtschaft abgelegt. Über drei Jahrzehnte führte sie die elterlichen Landwirtschaftsbetriebe. Sie ist seit über 30 Jahren im Gemeinderat von Brokdorf, davon 23 Jahre als Erste stellvertretende Bürgermeisterin. Seit 2013 ist sie Bürgermeisterin von Brokdorf. Von 1995 bis 2011 war Göttsche Vorsitzende des Kreislandfrauenverbandes Steinburg.

**Wolfram König** (*1958) studierte Stadtentwicklung und Architektur an der Universität Kassel. Von 1994 bis 1998 war er Staatssekretär im Umweltministerium des Landes Sachsen-Anhalt. Es folgten über 18 Jahre als Präsident des Bundesamtes für Strahlenschutz (BfS). Seit 2016 ist König Präsident des Bundesamtes für die Sicherheit der nuklearen Entsorgung (BASE).

**Karsten Wulff** (*1961) studierte Agrarwissenschaften und ist seit 2010 im Kernkraftwerk Krümmel tätig, zunächst als Leiter der Anlagensicherung. 2018 wechselte er in die Öffentlichkeitsarbeit und ist heute Referent für Regional Public Affairs der Vattenfall Europe Group. Mit der Perspektive Krümmel begleitet Wulff den Stilllegungs- und Rückbauprozess des Kernkraftwerks in der Region.

**Günter Zint** (*1941) ist ein deutscher Fotograf. Bekannt wurde er durch seine Fotos im Hamburger Star-Club, unter anderem von den Beatles. Zint wurde bei der dpa zum Bildjournalisten und Redakteur ausgebildet und arbeitete für Quick, twen, den SPIEGEL und später als freier Pressefotograf. Er war Teil der Anti-Atomkraftbewegung und dokumentierte deren Aktivitäten. Zint arbeitete mit Günter Wallraff und unterstützte mit seinen Fotos dessen Under-Cover-Reportagen. 2021 wurde die Günter-Zint-Stiftung gegründet, die sein Lebenswerk verwaltet.

Nach der Kernkraft –
Konversionen des Atomzeitalters

Ein Projekt der Universität Kassel
(Fachgebiet Städtebau)

UNI KASSEL | ARCHITEKTUR
VERSITÄT | STADTPLANUNG
| LANDSCHAFTSPLANUNG

Ⓐ       Ⓢ       Ⓛ

Schriften des Fachbereichs Architektur, Stadtplanung,
Landschaftsplanung der Universität Kassel     Band 7

Mit freundlicher Unterstützung von

© 2023 by jovis Verlag GmbH
Das Copyright für die Texte liegt bei den Autor*innen.
Das Copyright für die Abbildungen liegt bei den
Fotograf*innen / Inhaber*innen der Bildrechte.

Cover: Janke Rentrop
Herausgeber: Stefan Rettich, Janke Rentrop
Fotos: Nils Stoya und Günter Zint
Grafik Buchreihe: Anna Kraus
Layout und Satz: Janke Rentrop
Lektorat: Dr. Ute Rummel
Lithografie: Bild1Druck Berlin

Gedruckt in der Europäischen Union.

Das Buch basiert auf einem Seminar und einem
Ausstellungsprojekt der Universität Kassel, initiiert
und kuratiert von Stefan Rettich, in Kooperation mit
Barbara Ludescher und Ariane Röntz. Co-Kurator:
Marco Link.

Im Buch enthaltene Seminar- und Projektarbeiten von:
Anna-Lena Baier, Tabea Bühler, Daniel Christen,
Sophie Dornieden, Rudi Dück, Gerhard Flasche,
Marius Freund, Cara Frey, Rina Gashi, Jana Götte,
Theresa Heise, Mariolina Herfeld, Jasper Herhahn,
Vinciane Jacobs, Christian Kern, Ayla Kutas, Anna-
Karina Leathers, Yueting Pang, Nannette Peters, Paul
Richter, Janke Rentrop, Pascal Simon, Jasmin
Schwerdtfeger, Nils Stoya, Pia Thois, Nouqi Wang,
Benedikt Wirxel, Chengyuan Zhang, Haiyao Zhou

Bibliografische Information der Deutschen
Nationalbibliothek:
Die Deutsche Nationalbibliothek verzeichnet diese
Publikation in der Deutschen Nationalbibliografie;
detaillierte bibliografische Daten sind im Internet über
http://dnb.d-nb.de abrufbar.

jovis Verlag GmbH
Lützowstraße 33
10785 Berlin
www.jovis.de

jovis-Bücher sind weltweit im ausgewählten
Buchhandel erhältlich. Informationen zu unserem
internationalen Vertrieb erhalten Sie von Ihrem
Buchhändler oder unter www.jovis.de.

ISBN 978-3-86859-755-4 (Hardcover)
ISBN 978-3-86859-790-5 (E-PDF)